宗教改革を生きた人々

マルティン・H・ユング

宗教改革を生きた人々

―― 神学者から芸術家まで ――

菱刈晃夫／木村あすか 訳

知泉書館

日本語版への序文

私たちは二〇一七年宗教改革を記念する年の最中にあって、みなが宗教改革を祝いルターについて語っています。事実、宗教改革はルターに負っています。ルターなくして宗教改革は起きなかったかもしれず、ルターなしには少なくとも私たちが知るようなものではなかったでしょう。悔い改めと贖宥状《しょくゆう》に関する提題によって彼は一五一七年最初のきっかけを与え、また大学教師かつ説教者として人々に説得力をもって語りかけ、その生涯の歩みを通じて深い感銘を与えました。宗教改革はルターというカリスマ的指導者を得たのですが、すでに生前、まるで彼を聖人であるかのように讃える者もいました。ルターなしに宗教改革はなかったでしょうが、彼一人では改革は実現できなかったでしょう。当初から彼には支持者と後援者がいましたし、宗教改革を成功に導くためには彼らが必要でした。支持者、後援者としてヴィッテンベルクに、またドイツとヨーロッパの多くの地域に協働する宗教改革者たちがいました。ヴィッテンベルクの宗教改革には一人の、近年言われるところでは二人の指導者がいました。ルターとメランヒトンは共に働き責務を分かち合いました。その他にもヴィッテンベルクにはさらに、第二、第三のレベルのメンバーとして働く男たちがいました。他に最も大きな影響力を持った宗教改革支持者として、チューリヒのツヴィングリ、ジュネーヴのカルヴァンがいました。しかしルターなしには、ツヴィングリもカルヴァンも現れえなかったでしょう。そして彼らに続いて多くの、本当に多くの説教者、聖職者と修道士があちこちで精力的に宗教改革のために働き、さらには大勢の政治的支持者、ならびに少なからぬ芸術家が彼らなりの方法で、宗教改革の思想を広めることに貢献しました。

この本ではよく知られた支持者と後援者だけでなく、さらに宗教改革史にとって重要な人々を紹介しています。他の宗教改革伝記集と比べて、神学者だけでなく政治家も、男性たちだけではなく女性たちも、キリスト者だけでなくユダヤ人も、宗教改革支持者だけではなく反対者も考慮に入れたことが、本書を際立たせています。読者は、宗教改革という出来事に関する広く変化に富んだイメージを得られるでしょう。

にもかかわらず、この伝記選集は単なる伝記の寄せ集めではなく、本書において一つのまとまった宗教改革の歴史的叙述として、互いに織り合わさっています。このことに読者は、本書を最初から最後まで読み終えたときに気づくでしょう。しかし当然ながらそれぞれの伝記は独立しており、それ自体で理解できます。

　私はこの本が今や日本でも出版されることを大変うれしく思い、心から二人の翻訳者、菱刈晃夫教授と木村あすかさんに感謝しています。菱刈教授とはすでに旧知の仲であり、数年前には私の広く受け入れられたメランヒトンの伝記も日本語に訳していただきました。木村さんとは、宗教改革における女性たちの参加と役割という、私自身も以前から熱心に取り組んで来たテーマを、彼女が博士課程の学生として研究しているために交流があります。

　日本の読者のみなさんが、宗教改革時代の印象深い人物たちとの出会いによって多くの喜びと得るところがあるよう、願ってやみません。

オスナブリュックにて、二〇一七年三月

マルティン・H・ユング

目　次

目次

宗教改革を生きた人々

――神学者から芸術家まで――

開拓者

宗教改革は突然にして現れたわけではない。一六世紀に革命的な勢力を伸ばした理念。これはすべて、すでにより早い時期に一度は考えられていたものであった。しかし大枠的条件が変化し、ルター、ツヴィングリ、そしてカルヴァンといったカリスマたちがそうした理念を一六世紀に流布させたのだ。宗教改革あるいは刷新の過程で最も重要な開拓者とは、この理念と並行して一六世紀カトリック教会でも生じていた人文主義（Humanismus）である。フマニスムスはすでに一四世紀――フランチェスコ・ペトラルカと共に――ルネサンス時代に始まっていた学問運動であった。人文主義は「人間的なるもの」（humanum）すなわち人間にとって本質的なものを発展させようと望んでいた。これはキリスト教的および前キリスト教的古典古代へとさかのぼる。人文主義の学者たちはイタリア、スペイン、フランス、イングランドそしてポーランドで活躍する。ドイツにとって極めて重要な人物はエラスムスである。彼はネーデルラントの出身により、ロッテルダムのエラスムスとも呼ばれている。

ロッテルダムのエラスムス

「エラスムスが卵を産み、それをルターが孵した」。すでに宗教改革への対抗者は、エラスムスが開拓者つまり宗教改革の元祖であると非難の声をあげていた。確かに彼は辛辣な教会批判を行い、聖書を新しい方法で解明したという限りでは当てはまる。

エラスムスは一四六六年もしくは一四六九年にハウダ〔ゴーダ〕あるいはロッテルダムで生まれた。この時代、他の多くの有名人もそうであるように詳細は不明である。というのも、まだ洗礼者名簿がなく、子どもの誕生はどこにも記録されていないからである。誕生日は両親が記憶して伝えているように一〇月二七日か二八日、聖シモンと聖ユダの日の晩であった。名としてはエラスムスが選ばれたが、それは教会の聖人〔フォルミアのエラスムス〕によるものである。後にエラスムス自身はデジデリウスという別名を名乗るが、それは彼の名前のラテン語型であり、その結果としてデジデリウス・エラスムスという名称が取り入れられる。おそらくエラスムスは、この別名によって自身を歴史から知られるデジデリウス、つまり人文主義者から評価されている教父ヒエロニムスの友人の一人〔の名〕とも関連づけたかったのであろう。文字通り、その名前はある憧憬的な願い〔デジデリウムとはラテン語で願望・希求・憧憬といった意味〕を有する人間〔エラスムス〕のことを意味している。そうした憧憬をエラスムスは常に教育〔教養〕、教会改革そして平和に対して持ち続けていた。

エラスムスは私生児であり、そのうえ司祭の息子であった。それは当時のモラルに問題があったことを明示している。これは他の問題点とならんで宗教改革の原因ともなった。というのも司祭は未婚であり独身（ラテン語ではカエレプス＝一人で生きること）と定められていたし、ゆえに子どもを持つことは許されていなかったからである。ところが独身制について大抵の人々はそれほど厳格ではなかった。エラスムスは後に父親は子どもをもうけた際にはまだ司祭ではなく、誕生までの間に初めて叙階されたと説明している。そうであったかどうか、私たちには分からない。いずれにせよ多くの司祭、そしてまた多くの司教多くの教皇でさえ子どもをもうけていたし、中にはそのことをあちこちであからさまに公言する者もいたのである。

デフェンテルとスヘルトーヘンボスでエラスムスは学校に通い、そこで「新しい敬虔」〔デヴォティオ・モデルナ〕から影響を受ける。これは教会改革運動のひとつであり、同様に教育〔教養〕と敬虔を重要視していた。一四八七年に彼は、おそらく後見人たちに強いられて――

彼の両親は一四八四年頃死んでいた――ハウダ近くのステインにあるアウグスティヌス隠修士会修道院で修道士となり、一四九二年に司祭に叙階された。精神の遍歴が示しているように、エラスムスは不安定な勉学と流浪の生活からキャリアを開始したが、それは彼をヨーロッパの半分もの地域に渡って引き回すことになる。まず彼はカンブレーの司教の秘書として働き、それから人文主義と新しい敬虔によって影響されたパリのモンテーギュ学寮で学び（一四九五―九九年）、イングランドに渡り、ついにはイタリアに赴き、一五〇六年トリノで神学博士号を取得した。さらにイングランド滞在が続く。

イングランドでエラスムスは最初の著作、その名は『キリスト教兵士提要』（Enchiridion militis Christiani）――一五〇一年に書かれ一五〇三年に出版――を著した。この中で彼は真の敬虔への手引きを提供しようとした。彼は人生を「エフェソの信徒への手紙」の隠喩的な言葉を用いて戦いと特徴づける。これには正しい武器――祈りと聖書の知識――によってのみ勝利できる。この戦いの前提には、古典古代からの方法を通じてすでに推奨された自己認識、すなわち人間が二つの異なった領域に属しているのだと気づかせることが挙げられる。身体は動物的な領域に、魂は霊的な領域に、最終的には神的な領域に属しているという認識である。根源的には罪によって破壊された両者の一体性。これは罪によっては損なわれていない人間の中の神的なものとしての理性が、再び支配を回復することを通じて再獲得されなければならない。そのためにエラスムスは二二の規則とさらなるアドバイスを提示している。それは個々の人間ならびに教会と世界において、外面的なこと〔皮相なもの〕が優勢であることを克服するのに役立つはずのものである。たとえばキリスト者は自身におけるすべての幸運が神による贈与の帰結であるとし、反対にすべての悪を自身の自己中心性〔わがまま〕にあると見る場合に不遜を免れることができる、といったように。

エラスムスは一五〇〇年初出の『格言集』（Adagien）を通じて有名になった。それは彼が注解した八一八からなるラテン語による格言の集成であり、ラテン語と同様に道徳的な教養〔教育〕にも寄与すべきものであった。これはすぐに増刷および改訂され、あわせてエラスムスは一五〇八年に初めて、後期古代のキリスト教の軍事学者フラウィウス・ウェゲティウス・レナトゥスの名言とも取り組む。「戦争は体験しない者にこそ快し」（Dulce bellum inexpertis）。エラスムスの注解は戦争に反対する熱情的な意見表明となり、平和主義のキリスト教的根拠を定式化した。キリストと戦争は、とエラスムスは言うが、それはキリストと売春宿よりもさらに似合わない。というのも戦争は惨めでかつ犯罪的であり、存在しているものの中で最もおぞましい出来事であり、キリストはそれらに対して平和、友情、隣人愛そして「寛容」を主張しているからである。エラスムスは平和を相互に多様な友人関係と定義している。平和のための労力は戦争、そのための心配、辛労、骨折り、危険と出費の十分の一で済む。あるキリスト者が他のキリスト者を殺した場合、それを兄弟殺しとエラスムスは呼ぶ。中世において神学者たちによって展開された正しい戦争に関する説を、彼は問題だと見なす。というのも常に何らかの支配者が正しさとは何かを随意に決定しているからである。エラスムスはトルコ人に対しての現実の戦争についてさえ、それに伴ってイスラムを悪者に仕立てることについても批判を加える。彼はイスラム教徒を「半キリスト者」（Halbchristen）と呼び、こう主張した。多くのトルコ人は、いわゆるキリスト者よりも実際はるかにキリスト教的に生きている、と。

人文主義者たちは前向きな人間像を持ち、未来については楽観視していた。彼らは人間を教育可能なもので、世の中をよりよくできるものと見なし、「新しい時代」の始まりを生きていると信じていた。時代名称としての「近代」（Neuzeit）という概念は、これに端を発している。これまでの背後の時代を彼らは批判的に振り返り、それを「中間の時代」（mittlere Zeit）と見なす。栄光に満ちた古典古代と、彼ら希望に満ちた現代とに区切られた暗黒の中間時代というふうに。これによって「中世」（Mittelalter）という時代概念が生まれたが、それには最初から否定的な意味合いが含まれていたのである。

エラスムスの著作には、すでに示唆したように、辛辣な教会批判が含まれている。とりわけ修道制の悪しき状況には手厳しく対決することになる。彼自身は一五一七年、教皇によって自身の誓願から自由となり、したがって修道士の立場とは縁を切った。エラスムスは修道士であることがキリスト者であることの根本的なよりよい形態でも、より高次の形態でもない、という見解を持っていたのである。さらに彼は、多くの修道士たちの無教養と道徳的状況のひどさを批判した。また彼自身は継続して独身を貫いて生きたにもかかわらず、強制された独身制も間違いだと見なす。さらに教会の贖宥取引にも批判を行うが、そのことで一五一七年ルターは宗教改革の火をつけることになった。風刺詩の中では、一五一三年に死んだ教皇ユリウス二世が、閉まった天国の扉の前にいる様子、そしてペトロによって中に入れてもらえない様子を描写している。

一五二一年エラスムスは長い落ち着かない年月を経た後、永住する気でバーゼルに居を構える。ここに落ち着くまでの不安定な時間は彼を疲れさせたが、同時に彼を最初の近代ヨーロッパ人にもした。バーゼルから彼はドイツで宗教改革が進行するのを共に体験し、時折それに介入する。とはいうものの彼の固有の関心は学問的な仕事にあった。その間にエラスムスは大変よくギリシャ語を、そして根本からヘブライ語を学び、これを土台として聖書と教父に取り組み始める。一五一六年から一五三六年の間には教父著作を、ほぼ毎年発行している。一五二八年から二九年にはアウグスティヌスの著作を編集する。修道院にまだ若者として属していた時代に、すでに彼はアウグスティヌスに集中して取り組んでいた。フマニスムスの中で始まっていたアウグスティヌスの新しい発見と解明は、すべての宗教改革者の神学に大きな影響を及ぼしたのであった。

宗教改革にとって最主要かつ最重要なエラスムスの著作は新約聖書のギリシャ語版――全体としては初めて出版された――であり、それには新しいラテン語訳が付けられていた。一五一六年この著作はバーゼルで一風変わった『校訂新約聖書』(Novum Instrumentum)というタイトルの下で出版される。この書名によってエラスムスは、何人かの教父による用語法を通じて刺激され、聖書という書かれた言語としての性格を強調しようとした。

中世のキリスト教世界ならびに一六世紀のキリスト教世界でも、新約聖書をラテン語訳で読むのが習慣になっていた。これは四世紀の教父ヒエロニムスにまでさかのぼり、広く流布したがゆえに「ウルガタ」(広く知られた・一般の)と名付けられた。ところがエラスムスのような人文主義者は「源泉へ帰れ」(ad fontes)を標榜した。源泉に戻って真理にさらに近づくためである。その後、人々はアリストテレスをギリシャ語の原典で学ぶよう努力し、教父の著作や聖書をも原典で読もうとする。これは新しい、さらに革命的なことでもあった。というのも、これによって教会ならびに学問的な神学業績の中で通用し信頼されてきた聖書の基本版が批判にさらされることになったからである。エラスムスは原テキストにまでさかのぼり、これを土台にして新しく――そしてよりよい――翻訳をしようとする。彼の見解によればキリスト者は長い間、しばしば不確かでひどい翻訳の泥沼から、中世神学という「細流」から知識を得なければならなかった。しかし、これを「キリストの哲学」（philosophia christiana）という純粋な源へと、彼が教父に依拠して信仰による生と呼んだものへと、再び到達可能にすること。ここに彼の目標は置かれたのである。そして無学な人々にも読書を可能にするため、エラスムスは追加して母語への翻訳も主張したが、これは後にルターとツヴィングリによって着手されることになる。

エラスムスはギリシャ語新約聖書の古い写本を求め集め、さまざまなテキスト形態を比較し、それを土台としてギリシャ語テキストそのものを作成した。それから翻訳に取り掛かった。ギリシャ語テキストと新しいラテン語訳は並行して一巻に収められた。膨大な補遺の中でエラスムスは、何百年も通じて典礼と神学において用いられ、正当なものとされてきたウルガタ訳から、逸脱点〔相違〕を詳細に根拠づけた。原典版には若干の導入用文書が先行している。教皇への献呈の序文、聖書講義への勧誘（Paraclesis）、聖書解釈への手引き〔方法〕（Methodus）、そして批判に対する弁護（Apologia）である。これらの中でもとりわけ『方法《メトードゥス》』が注目に値する。これは一五一八年版より抜本的に拡張され、それ自体で『真の神学に最短の道で到達するための方法論』（Ratio seu methodus compendio perveniendi ad veram theologiam）というタイトルの下、別冊が頻繁に出版された。聖書はテキストとして、ただ文法的な規則だけではなく、修辞学的な規則にも従うという認識からエラスムスは出発する。ここで彼は古典古代の修辞学を聖書解釈にとっても実り豊かなものにしようと試みたのであった。

エラスムスの『校訂新約聖書』は改訂されながら四版（一五一九、二二、二七、三五年）を重ねたが、ウルガタの保守的な信奉者や、また変革を受け入れる人文主義者からも部分的にではあるが激しい批判に遭う。しかし、この作品が持つ意味は聖書解釈にとっても、神学と敬虔との新しい方向づけにとっても、総じてより高く評価してもし過ぎることはなかろう。エラスムスは、特に写本と比較しながら原テキストを構成することで、近代の学術的「原典批判」（Textkritik）の先駆けとなった。これは一九世紀以来、源泉探究〔出典研究〕という方法で特徴づけられている。

さらに宗教改革にとって同様に重要なテーマであり、エラスムスが集中して取り組んだのは説教であった。中世において説教は今日ほどの地位を獲得してはいなかった。礼拝における最も重要な要素とは聖体の秘跡（Eucharistie）あるいは聖餐式（Abendmahl）であり、非常に多くの礼拝がただこれだけのために催され「ミサ」と呼ばれていた。数多くのミサは、いうならば私誦ミサとして挙行されていた。つまり司祭はそれらを会衆抜きで執り行っていたのである。ゆえにミサは数多くあったが、説教が行われるのは極めて稀であった。ところが都市では教養ある人々による説教への欲求が高まる。フランシスコ会、アウグスティヌス隠修士修道会、そしてドミニコ会といった修道士によって規則的に説教がなされるようになる。ドミニコ会という修道会は、このゆえに「説教者修道会」とも呼ばれるようになった。諸都市にはそのうえ「説教家」――説教師――が雇われ、特別な委託によって説教による礼拝がなされた。こうして説教は大人気となる。そこでエラスムスは、説教者を優れた説教師にするのは何かという問いと真剣に取り組んだ。一五三五年には大作『説教師または説教論四巻』（Ecclesiastes sive de ratione concionandi libri quatuor）が出される。これに彼は長年携わっていたが、同時に、この中にエラスムスはライフワークのすべてを注ぎ込んだ。一方は言語、修辞学、詩学、歴史そして倫理学との学問的な取り組み――エラスムスによって「人間研究」（studia humanitatis）として特徴づけられる――に向けられ、他方は聖書と神学および伝道にも顧慮した解釈に向けられる。彼は説教の尊厳と難しさについて解説する。その際、彼は神の言葉を受肉した説教師イエス・キリストを模倣すべき実例として掲げる。彼は説教の衰退を嘆き、無教養で不熱心な説教師を批判するだけでなく、しばしばほとんど関心すら持たない聴衆をも批判した。古典古代の修辞学が宣伝してきた道徳的によき者としての語り手という理想像が変容する中、教育を受けた人間による雄弁術に、エラスムスは敬虔で教養ある人間としての理想的な説教者を見出していたのである。雄弁術は説教の中で内部のものを外へと展開していく。仮に説教術が、エラスムスによれば、雄弁術と同じくらい規則に従うことを通じてよりも練習を通じてより多く学ばれるとしても、彼はその説教論の中で数多くの補助を与えようと試みた。とりわけキケロとクィンティリアヌスによって作られた古典的な修辞学の規則を、彼は説教にも適用する。修辞的表現の取り扱いと関連して、彼は聖書の中で用いられている文体上の彩へと立ち入ってゆき、聖書解釈へ向けた詳細な手引きをもたらした。最終的にエラスムスはキリスト教神学のいくつかの要点と説教とを組み合わせ、聖書や神学的な著作について語る際、とりわけ教父の場合、その中心点へと素材を集めるように、そして集められたものがその都度、主題となる見出しの下に記されるように導いていったのである。

バーゼルでエラスムスは安息を求めるが長続きはしなかった。というのも宗教改革はライン川が折れ曲がるこの帝国都市でも地盤を固め、ヨハンネス・エコランパディウス――同じく教養ある人文主義者――を重要な代表者としていたからである。一五二九年バーゼルで暴力的な狼藉が生じた時、エラスムスはフライブルク・イム・ブライスガウに移住することを決心し、この堅固としたカトリックの地で自身の学問的かつ著述による仕事を継続した。もっとも一五三五年、彼はもう一度だけバーゼルに赴く。そこでおそらく自身の著作を印刷に回すのを見張るためである。一五三六年七月一二日夜一一時、そうこうする内に彼は純粋な福音都市になってしまった場所で死んだ。宗教改革の開拓者は古い教会と縁を切るようなことは一度もなく、福音派になったこともないが、バーゼルの福音派主教会、大聖堂に輝かしく埋葬された。

すでにエラスムスは存命中より人文主義者たちの「教皇」あるいは「王」として有名であり、生涯に渡る「自立人」（homo pro se）であった。同時代人たちが的確に述べたように一匹狼（Einzelgänger）であり、戦闘の中にあって平和で調停的と見なされる自分の道を模索した。その死後、彼はほとんどカトリックにおけるのと同じように福音派からも受容されたが、同じく抵抗にも遭った。支持者と反対者とが両陣営にいたのである。とりわけローマは一六世紀後半彼の著作を「禁書目録」（Index）、つまり――カトリック教会にとっては――禁じられた書物のリストに載せた。そこにはルターの書物も含まれていた。

ヨハンネス・ロイヒリン

エラスムスと同じくロイヒリンも、人文主義的教養をフランスとイタリアで身につけた。とはいうもののエラスムスとは違ってロイヒリンは、単に文献学者でも神学者でもなく、むしろ元来は法律家であって、ギリシャ語よりもむしろヘブライ語に興味を抱いていた。

ヨハンネス・ロイヒリンはプフォルツハイム出身で、一四五五年二月二二日に生まれた。研究のためパリとバーゼル、さらにオルレアンとポワチエに行く。法学博士号を一四八四年もしくは八五年にテューービンゲン大学で取得。学生時代の一四七八年、すでにラテン語の辞書を出版している。人文主義者として彼は「カプニオン」(Capnion) という名を用いた。これは「ロイヒリン」(Reuchlin) という名の少し作為的なギリシャ語型である。カプニオンとはギリシャ語で小さな煙 (Rauch)、つまりロイヒライン (Räuchlein)〔そしてロイヒリン〕という意味である。

ロイヒリンの法律家としての資格は、彼の職業上のキャリアを決定した。一四八三年にはヴュルテンベルクの伯爵エバーハルト五世の顧問官となり、宮廷裁判所の陪席判事となる。さらにシュトゥットゥガルトでは弁護士としても活躍する。一五〇二年から一五一三年の間にはシュヴァーベン同盟、すなわち南ドイツ領邦および諸都市による防衛同盟の裁判官も務めた。

ヘブライ語とユダヤ教についての関心は一四九〇年イタリアで芽生えた。フィレンツェではキリスト教的ルネサンス学者ジョヴァンニ・ピコ・デッラ・ミランドラが、カバラについての知識を与えた。これはユダヤ教神秘主義による秘密の教義であり、当時多くのキリスト者がこれに興味を抱き始めていたのである。そのためロイヒリンはユダヤ人の下で、つまり一四九二年にはリンツで皇帝フリードリヒ三世の侍医イェヒエル・ロアンス（Jechiel Loans）の下で、一四九八年にはローマで市井の学者オバディア・スフォルノ（Obadja Sforno）の下で、ヘブライ語を学び始めた。それから独自にカバラの著作を編集することとなり、これに関する二冊の本を公刊した。一四九四年の『不思議をはたらく言葉について』（De verbo mirifico）、一五一七年の『カバラ的術について』（De arte cabalistica）である。

どのようなわけでキリスト者たちはロイヒリンのような仕方でユダヤ教や、特にカバラに関心を持つようになったのか。カバラは一二世紀に南フランスとスペインで生まれ、古代の新プラトン主義的思想世界から作られた。ところでユダヤ人は、ピコやロイヒリンも同じように信じていたのだが、太古のモーセにまでさかのぼる教えが問題であった。カバラのプラトン主義的な要素はキリスト教の学者たちにも秘密のままではなかったが、これはプラトンと他の古代の哲学者たちが古代ヘブライ人から知識を得ていたのだとする。カバラと取り組むことでキリスト者の学者たちは、その固有の信仰をより深化させて理解することができると期待していた。そして、この中にユダヤ教とキリスト教ならびに古代の異教的な伝統を統合するような全体的視野が実現される鍵がある、と見ていたのである。

しかしカバラに対するこうした特別な関心とは独立してロイヒリンは、ヘブライ語すなわちヘブライ学とも学問的な取り組みをごく普通に推進していく。彼はキリスト者がヘブライ語を学ぶのを容易にしようとした。このために一五〇六年『ヘブライ語入門』(De rudimentis Hebraicis) という教科書を記した。ヘブライ語とギリシャ語の教師として彼は一五二〇年もしくは二一年にはインゴルシュタットで、一五二〇年もしくは二一年にはテューービンゲンで活躍する。ロイヒリンは多くの人文主義者と同様、三言語による教養理想を追求していた。より高い教養を享受する者、とりわけ神学研究に勤しむ者は三つの言語に精通しているべきである。すなわちラテン語――中世と同様――ギリシャ語にヘブライ語である。このために人文主義者たちは大学に、それに対応する教授職を与えることを要求し、これを促進した。

ロイヒリンの法学能力とユダヤ教に関する知識は一五一〇年、必然的にタルムードおよび他のユダヤ教の書物に関する法学的—神学的意見書を記すようにとの課題につながる。この中ではタルムードなどの書物が、ドイツで差し押さえられ焚書にされるべきかどうかが問題にされた。中世の時代、こういうことは他の国々で頻繁にあった。背景には三年前ケルンで始まった対立がある。ヨーゼフ・プフェッファコーンという名のユダヤ人がそこで受洗し、引き続いてドミニコ会の修道会に入ったのである。ドミニコ会のユダヤ人嫌いは有名であった。ドミニコ会士ヨハンネス——彼のキリスト者としての新しい名——は一五〇七年に『ユダヤ法鑑』(Juden-Spiegel)というタイトルの書物を公刊する。この中で彼は以前の宗教を糾弾した。「鑑」〔鏡〕(Spiegel)とは広く普及していた文学のジャンルであり、読者に自分自身を認識し、それによって自らが改善の道へと導かれていくようになるように〔自己認識と改善のための〕鏡《シュピーゲル》を差し出すものである。プフェッファコーンはユダヤ人に対して金融取引を禁止し、彼らに重労働を強いてキリスト教の説教を聞くように命じ、タルムードを取り上げ、その子どもたちを強制的に受洗させ、キリスト教的に教育することを要求した。かつてユダヤ人たちは、確かに人々を以前の生活形態に反するよう扇動し、自分たちを確固としたキリスト者として基礎づけ、〔周りの目を〕そうした様子に注目させて〔自分たちの〕職業的展望を拓くようなことがしばしばあった。一五〇九年プフェッファコーンは皇帝マクシミリアン一世と会い、ある命令書を勝ち取った。それは新しくキリスト者になった者に対して、ユダヤ人におけるキリスト教信仰に反する書物を差し押さえる権限を与えた。なお同年、プフェッファコーンはこれをフランクフルト・アム・マインでも実行に移した。さらなる差し押さえがヴォルムス、マインツ、ビンゲン、ロルシュ、ラーンスタインそしてドゥーツと続いた。そこで当該のユダヤ人たちは抗議し、フランクフルトの人々は宮廷に代表を派遣する。一五一〇年六月皇帝は行動を中止させ、書物の返還を命じた。だが同時にマインツの大司教に対して、タルムードに関する、指導的な学者による意見書を入手するよう命令を下したのであった。

タルムードに類する書物を無にすることを求める反ユダヤ的な意見書を、ヤーコプ・ホーホストラーテンが著した。彼はケルン大学神学部教授として活躍し、ケルンのドミニコ修道会の管区長であった。同時に教皇に反する異端と戦う異端審問官の職も占めていた。『ユダヤ人の罪深い書物に抗する勧告』（Consulatio contra immundos libros Iudaeorum）の中で彼は、タルムードに敵対的な一三世紀の議論に立ち戻りながら、タルムードが間違っていて、不信実かつ不敬虔な言説を含んでいることを詳説した。しかもタルムードはイエス・キリストに対立するのと同様、モーセの律法にも反している、と。彼はユダヤ人が聖書を読むのを妨害し、彼らがキリスト教信仰に改宗するのを妨害した。さまざまな理由によりタルムードは破棄されねばならない。さらにホーホストラーテンはマインツ大学に行き、ヘブライ語の聖書の差し押さえも勧告していた。というのも誤った聖書テキストを用いているという嫌疑が、ユダヤ人に向けられていたからである。

それに対してロイヒリンはユダヤ人に友好的な、さらにユダヤ的な書物を保持することを支持する意見書を著した。これは『われわれはユダヤ人から彼らのすべての書物を奪い取り、廃棄し、焼却すべきかどうかについての助言』というタイトルで、説得力を備えた法学的根拠と神学的根拠とが非常に巧みに結び合わされていた。ロイヒリンはユダヤ人の書物を二つのグループに分けた。ユダヤ人の中には反キリスト教的で恥辱的な書物があることを認め、その中ではイエスは誹謗されている。こうしたものをロイヒリンは破棄し、その所有者を罰することに賛成した。しかし残りの書物は、すべてユダヤ人に残しておくべきであるとした。というのも、それを廃棄することは現に有効とされている法とは相容れないからである。法律家ロイヒリンは――すでに以前イタリアの法律家が中世末期にしたように――ユスティニアヌス法典にある一節によって根拠づけを行う。これは六世紀のユスティニアヌス帝にさかのぼる市民法であり、そこでユダヤ人は「同胞」（concives）と説明されていた。共通の帝国市民である結果としてユダヤ人とキリスト者は互いに「敵対」してはならない、とロイヒリンは述べる。同時にロイヒリンはキリスト者がヘブライ語と、それによって記された文献に寄せる興味についての根拠を語る。タルムードやカバラ的な著作へのユダヤ的な聖書注解は、キリスト者が独自の聖書解釈をするのにも用いることができ、それによってヘブライ語を学ぶことができる、とロイヒリンは述べる。そのほかにも、これらの書物はキリストに関する証を含んでいる。ロイヒリンは論拠づけの際にタルムードに関する文献を拠り所にしていて、確たる固有のタルムードの知識を拠り所にしているわけではない。彼はタルムードを入手するのに無駄骨を折った。彼は自身でただ抜粋を読んだだけであった。

さらにロイヒリンはユダヤ人を異端者と同じように位置づけてはならず、異端審問官に引き渡すのではなく、彼らをキリスト教信仰への説得のための宣伝活動に導き入れねばならないと強調した。そのための最も重要な前提は、キリスト者がヘブライ語を学ぶことであった。

さまざまな意見書が提出された後、皇帝からの新しい命令書は期待に反して現われないままであった。ユダヤ的な書物を廃棄する計画は、それ以上追求されなかった。もっともロイヒリンの立場は反論されないままであったわけではない。すでに一五一〇年には、彼の意見書とそれに関連して含まれる問題をめぐって激情的であからさまな議論が、一部はドイツ語で一部はラテン語で行われるようになる。プフェッファコーンとケルンのドミニコ会士たちは攻撃的な鏡書（Spiegel-Schriften）の中でロイヒリンを攻撃した。一五一一年プフェッファコーンは『手鏡』（Hand-Spiegel）を公刊し、その中でロイヒリンのこれまで印刷されていない意見書を引用して批判する。宮廷におけるロイヒリンへの干渉が成果のないままであった後、ロイヒリンは一五一一年『眼鏡《めがね》』（Augen-Spiegel）というタイトルの著作で自らの所見を出版し、プフェッファコーンの告発に応えた。これに対しては『火鏡』（Brand-Spiegel）で応えた。一五一二年皇帝は『眼鏡』の販売を禁止するが、ロイヒリンは弁護書でもって応えた。一五一三年八月『眼鏡』には、これがユダヤ人の不信仰に共感を示していて異端の疑いがあるという理由で、ケルン大学神学部より有罪の判決が下された。

ホーホストラーテンはロイヒリンを相手どり異端審問裁判の訴えを起こした。一五一三年に裁判は公に開かれ、まずはマインツで、次にシュパイエルそして最後にローマで行われた。公での対決は同時に他の人文主義者たちを惹きつけることになる。ロイヒリンの同調者たちは一五一五年『蒙昧者たちの書簡』（Epistolae obscuorum virorum）〔一六世紀の人文学者がカトリック聖職者やスコラ学者を攻撃するためにわざと悪文のラテン語で書いた風刺文〕を出版した。百以上のでっちあげられた、意図的にも言語的にもひどい、むしろ誤って記されたラテン語の書簡であるが、これはドミニコ会士つまりホーホストラーテンをあてこすったもので、プフェッファコーンとケルンの同志たちを笑いものにした作品である。この書物は大きなセンセーションを巻き起こし、その結果さらに流布してより多くの版を重ねたが、何人かの人文主義者の拒絶にも遭った。エラスムスもその一人である。「ユダヤ的書物についての争い」(Judenbücherstreit) は「ロイヒリン支持者たちの私闘」(Reuchlinistenfehde)〔ロイヒリン闘争〕となってしまったのである。教養ある一般大衆の大多数の仲間たちの目には、ロイヒリンとその信奉者たちは勝利者として映っていた。しかしロイヒリン個人にとっては、この出来事は敗北に終わることになる。一五二〇年『眼鏡』は教皇レオ一〇世によって断罪され、それによってロイヒリン自身が異端者と宣告されてしまったのである。ロイヒリンの功績は後の世代がようやく正当と認めた。

ユダヤ的書物についての争いとロイヒリン支持者たちの私闘は、単にユダヤ人とその書物との付き合いが問題なのではなかった。これはスコラ学と人文主義、古いものと新しいもの、中世と近代との間の闘争でもあった。ロイヒリンと彼の側に立つ人文主義者の中にはユダヤ人びいきの者はおらず、むしろ寛容な考えを持つものさえ一人もいなかった。たとえ彼らがユダヤ的な書物の維持を擁護するにしても、一般的な正義感とならんで彼らを優先的に支配しているのは、学問的な関心であった。彼らは異端審問所による取り締まりの試みに対して、研究の自由のために戦ったのである。これはもちろんユダヤ人にとって利益となった。ロイヒリンはタルムードの保持を弁護する最初のキリスト者の学者であった。彼の『眼鏡』は、たとえ第一に洗礼を受けたユダヤ人に対して向けられていたものであれ、強烈な反ユダヤ的論争を含んでいた。さらにロイヒリンはユダヤ人の医者たちの説を論駁し、例外なく彼らをペテン師として扱っている。神学的にはロイヒリンはユダヤ教について極めて伝統的に考えていた。彼は継承論（Ablösungstheorie）を主張した。これによれば、もはやユダヤ人ではなくキリスト者が神による選ばれた民となる。ユダヤ人らによる祈りや礼拝は無駄な行いであると説明し、彼らがキリスト者に「終わりなき憎しみ」を押し付けているとする。一か所だけロイヒリンは行き過ぎた教会批判をした。彼は教会の聖金曜日の祈り「ユダヤ人の裏切りのために」（pro perfidis Iudaeis）に異議を申し立てた。というのも、その宗教に誠実に留まっていたユダヤ人たちを「背信的」（treulos）とは表現できないからである（ともかく中世の教会は「裏切り」（perfidus）を「背信的」ではなく「不信心」（ungläubig）と理解していた）。

ロイヒリンはユダヤ人の少数派に市民権を認めること、具体的には彼らが身体的に無傷であること、その財産の保護と自由な宗教活動といった点では寛大であった。暴利に関してはロイヒリンもまた非難していたが、ともかく追放することが相応の処罰であると見なしている。ユダヤ人への中傷、ホスチアの冒瀆、儀式殺人への非難は彼には見出せない。そして旧約聖書を歪めたラビのことを悪くは思っていない。

ロイヒリンの生涯は一五二二年六月三〇日にシュトゥットガルトで終わる。教会とは決して縁を切ることはなく、それどころか歳と共にますます教会の方に向くようになった。彼は自ら修道士を辞めたエラスムスのように、それまでと反対の道を歩むことはなく、おそらく一五二一年に聖職者となった。彼は「マリアを特に崇敬するサルヴェーレジーナ兄弟団」の一員となり、司祭に叙階された。以前より彼は好んでマリアに関するテーマと取り組んでいたのである。

宗教改革者

宗教改革は神学上の認識と確信に根差す教会革新運動であり、ドイツとスイスにまたがっている。これは神学と教会だけを変革したのではなく、文化のあらゆる領域に作用し、西ヨーロッパの広範囲を覆った。

人文主義はそのための重要な前提を作り出した。これには源泉ならびに原典へと徹底的にさかのぼること、ギリシャ語とヘブライ語そして教会批判に取り組むことが含まれている。都市、大学、修道院の至るところに、商人や職人の中にも、人文学的な教育の結果として、宗教改革の理念が積極的に受け入れられた。人文主義なくして宗教改革が土台を築くことはなかったであろう。

宗教改革者たちは革新（Neuerung）を欲していたわけではなく、まさに言葉通り再—形成（re-formieren）、すなわちさかのぼって形成すること（zurück-formen）（ラテン語で reformare つまり元の状態に戻すこと）を望んでいた。教会はキリスト教が最初にあった時代の状態に再び戻るべきである。つまり福音的であるべきである。それはイエス・キリストにおいて明らかにされた神の愛に関するよき報せ、すなわち福音に従うということである。しかし宗教改革者の対抗者は、これを革新者（Neuerer）、新しい信仰の信奉者（Neugläubige）として罵倒したのであった。

宗教改革はマルティン・ルターと共に一五一七年の贖宥状に関する提題によって開始された。もしルターがいなければ、私たちが知るような宗教改革はなかっただろうし、宗教改革にもなっていなかったであろう。

マルティン・ルター

ルターは人文主義者ではなく、伝統に生きる修道士であった。彼はまさに自身の経験を通じて宗教改革者となり、意に反して新しい教会の創設者となったのである。

マルティン・ルターは田舎の農民といった境遇の出である。とはいうものの、すでに父は農民であることから身を引き、鉱業へと進み、ついには小企業家としてある程度の豊かさを手に入れていた。他の多くの宗教改革者と同様に、ルターもまた社会的に上昇しつつある階層に属している。「ルダー」（Luder）家はテューリンゲンのメーラの出身で、マルティンが生まれた時にはアイスレーベンにおり、それからすぐにまたマンスフェルトに引っ越し、繁栄する鉱業地帯の中心であるマンスフェルトに永住することになる。

ルターの生年はエラスムスと同様、実際には定かではない。それは一四八二年でも、一四八三年でも、さらに一四八四年でもありうる。特に記念祭を祝いたいという理由から一四八三年が採用された。とはいうものの日付は確かである。なぜならルターの母親は夜の出産であったことを覚えていて、ルターは多くの子どもたちと同じく、洗礼日の聖人の名を担っているからである。一五世紀末期、誕生するとすぐに受洗するのが普通だった。ゆえにマルティンの日の前日が誕生日となり、一一月一〇日であることが判明する。トゥールの司教マルティンは四世紀に生きた人で、人気ある聖人であり今でもそうである。特に彼は自身のマントを引き裂いて半分を乞食に与えたという物語と結びついていた。〔部分的に残存する〕誕生の家とルターが洗礼を受けた教会を、私たちは現在でも訪ねることができる。

ルターは普通の子ども時代と少年時代を送った。当時の彼の中に宗教改革者となるための根がすでにあったことを指し示すしるしは何もない。マンスフェルトとアイゼナッハで学校に通い、そこでエラスムスと同じように、しばらくの間デウォティオ・モデルナ〔新しい敬虔〕を刻印される。すなわちマグデブルクの司教座聖堂学校でのことである。進路については当時の情況に即して父親が決定した。ルターは大学に通い——ロイヒリンと同様——法律家となり、一家の社会的上昇をさらに促進するはずであった。一五〇一年ルターはエアフルト大学に入学し、まずは一般教養〔学芸〕の基礎課程を修了する。一五〇五年彼は父の意向に従って法学の勉強に取り掛かった。しかし、ここで彼の伝記が特徴づける多くの転機のうち最初のものが生じる。両親の家からエアフルトへと戻る途中、彼はシュトッテルンハイム近郊で激しい夏の雷雨に遭い、死の恐怖の中で誓いを立てたのだ。彼は聖人アンナに嘆願した。マリアの母であり鉱山に関わる人々の守護聖人である。そして死が執行猶予された際には修道士となることを誓う。ルターは雷雨を耐え生き延びてエアフルトに到着。一四日後の一五〇五年七月一七日、アウグスティヌス隠修士会修道院の扉を叩き、修道士となった。ルターは熟考することもなく〔とっさに〕行った誓願を実行に移す必要はなかった。教会法には免除の規定もあった。しかし、ルターは友人たちが引き止めるのにもかかわらず、その新しい道を忠実に歩むことにした。そこで次のような問題が立てられる。これは、たとえばエラスムスのような人と彼を区別するような、ルター自身の厳しさの表現であり結果であったのか。あるいは、彼がすでに長い間取り組んできた考えに賛同した末の表現なのか。それは父によって予め描かれたような道から離れて厳しい宗教的生を送るという考えであり、彼にとって今や与えられたチャンスであり、その理由となるような歓迎すべき事態であったのか。どちらであるにせよ両親は愕然とし、このかつての期待溢れる息子との間に、何年間も距離をとることになる。

エアフルトのアウグスティヌス隠修士会は厳格で模範的な修道会であった。戒律は一二五六年に定められ、托鉢修道会に数えられている。というのも清貧の掟が特に厳しく重んじられたからである。清貧とならんですべての戒律の中でも貞潔と服従が命じられている。服従は、ルターが今や人生を修道会の上司によって方向づけられることを意味していた。そこで上司はルターに神学研究を定め、一五〇七年夏エアフルトでこれを開始した。アウグスティヌス隠修士会は司牧における使命を担っていたので、ここから多くの司祭が輩出した。すでにルターもまた一五〇七年春に司祭叙階を受けている。これは彼の神学研究とは何の関わりもない。当時は司祭になるために神学を学ぶ必要はなかったからである。

ルターは修道士としての生を極めて真面目に送った。彼は上司が立てた要求ならびに自身で立てた要求のすべてを正当なものと評価するよう努力した。それにもかかわらず、彼は大きな内的危機に陥る。宗教的な言葉では試練（Anfechtungen）である。つまり、あらゆる努力にもかかわらず、自分にはしばしば欠けたところがあり、神の期待に応えることができないのではないか、という恐怖である。最後の審判に耐えて選びに属することになるのかどうか、と彼は自問した。こうした宗教的な実存の危機の中で宗教改革者への発展が芽生えたのである。

しかし外面的にはルターに関して、すべてが正常であるように見受けられた。彼は熱心に勉強し、当時の進んだ学生にとっては普通のことであったが、初めて自分で講義をすることになる。一五〇八年もしくは九年、一時的に彼は研究のために初めてヴィッテンベルクに滞在した。この研究の枠内でルターは人文主義と接触することになる。エアフルトには人文主義のサークルがあり、ルターはすでに人文主義的な文献を知っていたし用いてもいた。ロイヒリンのヘブライ語教科書である。しかし彼がこれによって人文主義者になることはなかった。人文主義の楽観的な生命感（Lebensgefühl）と前向きな人間像は、彼の根本態度とは相容れないものであった。人間の神学的理解のための重要な刺激を、ルターは教父アウグスティヌスおよびその罪と恩恵に関する思想から受け取った。

修道会の命令によってルターは一五一一年ローマへ旅した。彼はこの旅を巡礼者のように徒歩で行う。ローマで彼は通常どおり七つの主教会を訪ね、自分と親類縁者のために贖宥状を手に入れる。ルターはこの街の中に富と貧困を見出し、ミサがいかにもせわしなく、しかも敬虔な心のかけらもなく行われている様子を体験する。実際には、そのことが当時の彼をいらだたせることはなかった。ローマでの経験の否定的な評価は、後に回顧する中で初めて生じてきたものである。

一五一一年ルターの上に重大な決定が下った。彼はエアフルトからヴィッテンベルクに移動させられ、そこでアウグスティヌス隠修士会の司教総代理であるヨハンネス・フォン・シュタウピッツから神学の博士号を取得し、ヴィッテンベルクで神学教授になるよう決定されたのである。ルターは異議を唱えることなく、また異議を唱えることは許されていなかった。一五一一年秋、彼はエルベ川のほとりの街に引っ越し、ここに死ぬまで留まることになる。

ヴィッテンベルクは発展中の大学都市であった。この街はザクセン選帝侯領の都としてトルガウとならんで用いられ、一五〇二年以来大学を持っていたが、ルターがここで教授職を引き受けた時には、まだ構築中であった。一五一二年一〇月一八日もしくは一九日にルターは神学の学位を取得した。この肩書に彼は生涯に渡り誇りを持ち、アイデンティティーを見出していた。ごくわずかの宗教改革者だけが、神学的にはルターのように格付けされる。ヴィッテンベルクの教授としてルターは第一に聖書を釈義した。これはルターの時代においても中世全体を通じても、神学教授にとって固有かつ主要な仕事であった。たとえ、すべての者がこの課題を評価するわけではなく、むしろ聖書から離れて教義学の問題と関わり合う者が多くいたとはいえ。ルターは最初から聖書を釈義し、まずは「詩編」に取り組んだ。それは自らの修道生活を真面目に送ろうとする修道士にとって意外なことではなかった。というのも祈りのテキストとしての「詩編」は、修道士をして一日を通じた七つの、毎日の定められた祈禱の枠内へと、週および年を通じて導いていたからである。二年間に渡ってルターはヴィッテンベルクで、初めて「詩編」の釈義に取り組んだ。その際に最新の人文主義的補助手段を援用した。その中には、すでに言及したロイヒリンのヘブライ語教科書とフランスの人文主義者ヤコブス・ファーベル・シュタプレンシスによる悔い改めの「詩編」の解釈ならびに詩編注解があった。教授活動に加えてルターは規則的に説教も行った。それは確かに所属する修道院の中での、修道会からの命令でもあったが、一五一三年からはヴィッテンベルクの街教会、すなわちマリーエン教会で市の当局からの依頼によって説教を行った。その説教壇は今日でも見学できるが、ただし博物館の中にある。年月を越えてルターは何千もの説教をした。二千以上は筆記録や口述による筆記として保存されている。

修道士ならびに教授としてのルターは、ヴィッテンベルクで人生における第二の大きな危機に突入する。講義を推敲する中で、彼は次のような問いに苦心するようになった。「神の義」

(Gerechtigkeit Gottes) が語られる際、聖書は何を意味しているのかという問題である。これは神が厳格な裁き主であって、罪人を罰し義人に報いることを意味しているのではないか。このようにルターは習っていた。彼は修道士としての経験を背景にして不足を感じるようになる。そして、こうした正しい神を憎むようになり始めるのを感じた。彼は神の義〔正しさ〕を異なる仕方で理解する可能性を模索した。そこでパウロらによる「ローマの信徒への手紙」一章一七節が鍵となった。福音には神の前で認められている正しさが明らかにされているが、それは信仰することの中で信仰から (aus Glauben im Glauben) 来たるものである。義人は信仰によって生きる、と記されてあるように。これをルターは神の義を、贈与された、私たちを自由にする正しさだと突然に解したのである。神は罪人を義人にするが、それは神が私たちの罪にもかかわらず〔罪人のまま〕罪人を受容し、生かすことによる。ルターは自分がすっかり変わるのを感じた。そして、この認識は彼を新しい神学の開始点へともたらし、宗教改革への鍵を作り出したのである。この出来事はルターの宗教改革的発見 (reformatorische Entdeckung) と名付けられたり、あるいは塔の体験 (Turmerlebnis) と呼ばれたりもしている。というのもルターが修道院の塔の中に仕事部屋をもっていたからである。この発見の内容は教義学の専門概念と関連して、宗教改革的義認論を形成している。

ルターは一度だけこの変わり目に関して詳細に語っているが、それは一五四五年のことである。出来事そのものは多くの研究者たちによって一五一四年頃とされている。贖宥状に対する決定的な提題が出される三年前である。しかし異論もある。ルター研究者の中には信仰による義の発見が一五一八年、つまり提題の後に初めてなされたと推測する者もいる。さらにルターによって語られた出来事はこのようにしてあったのではなく、宗教改革的発見とは、思想が発展していく、より長いプロセスのことであったと考える者もいる。

ともかくルターが一五一七年秋、贖宥状に関する提題を記して有名になったことに異論はない。マインツの大司教アルブレヒトが自己の司教区――マインツとならんでマグデブルクとハルバーシュタット――で大規模な贖宥キャンペーンを実行したことがきっかけとなった。贖宥（Ablass）とは免除（Nachlass）もしくは赦免（Erlass）と同じようなものである。つまり犯した罪ゆえに被らざるをえない罰が免除されることである。厳格で正しい裁きの神という観念に従って中世の人々はそう信じていたし、神学者たちもまたそう教えていた。あらゆる悪しき行いは大きな罰を自身に招くのを免れえない、と。この責め〔罪科〕（Schuld）は確かに罪人に留まりはするものの、もし司祭に懺悔すれば再び神によって受容されるのだが、罰はそれによって免除されるわけではない。罰はあらねばならない、という原則は大切である。中世の観念に従えば神はさまざまな仕方で罰を下す。たとえば病気や不運な出来事を通じて。しかし、たいていの罰はこの世で負わせられるのではなく、彼岸において、すなわち煉獄で初めて科せられる。人々は故人の魂が浄化の場所、つまり煉獄にあって、そこで彼らは自らの罪のために科せられた罰の償いをし、こうして天の栄光への入り口で準備させられていると信じていた。煉獄は地獄ではなく浄化の場所であるが、たとえ期限つきの滞在でも、そこにはひどい苦しみがあると人々は想像していた。贖宥はその逃げ道を用意した。教会に寄付された金銭のゆえに、信者は予想される罪への罰を軽減してもらえるか、あるいは完全に免除してもらえるというのである。それどころか教会は、贖宥が将来の罪にも、さらにすでに故人となっている親類縁者の罪にも有効であるとまで提言し始めた。人々は説教を聞いては懺悔し、贖宥状を買う。すると、もう決着がついたことになるのである。

ルターは一五一七年の贖宥キャンペーンについて心配を重ねながら眺めていた。こうした〔贖宥を信じる〕信条の神学的根拠についても疑っていたし、宗教的財産がよりさかんに取引されることについても批判した。一〇月の終わり、彼はこれについてラテン語で九五箇条の提題を書き記した。一〇月三一日にアルブレヒトや他の司教に宛てて送付し、友人にも配った。これは後に主張されているように、ヴィッテンベルクでも公に掲示された――「打ち付けられた」（angeschlagen）――かどうかについては異論があるが、考えられないことではない。大学で提題を起草した者は、大学における議論――「討論」（Disputation）――を提案したいとするものであり、そのためには公示する必要があるからである。ヴィッテンベルクの城教会の扉が大学の掲示板として用いられていた。その場所〔城教会〕では討論や大学の大きな催しが行われていた。

ルターもまた個人的に贖宥提題を転機と感じていた。これは彼がアルブレヒトに送った手紙に、初めて自分の元々の姓名を「ルダー」（Luder）ではなく「ルター」（Luther）と記して送付したことに表れている。この名の形態をルターはギリシャ語の単語「エレウテロス」（eleuteros）と関連づけている。これは「自由な」という意味である。ルターは一五一七年一〇月三一日から自分のことを求婚者（Freier）、つまりキリストと自身の真理とが結びついたことによる解放者（Befreier）と感じていた。彼はギリシャ語をラテン語化した学者名エレウテリウス（Eleutherius）を一時的に用いている。

ルターの提題はセンセーションを巻き起こした。これはルターとは無関係に印刷され、国内外でもドイツ語でも流布したのである。とりわけ人文主義者のサークルでは肯定的な反響を得ることになる。彼らはすでに長い間贖宥状販売には反対の立場をとっていたのである。しかし他方では反論が巻き起こった。アルブレヒトはこれをローマに転送した。そこですぐにヴィッテンベルクには戦わなければならない異端者がいるのではという嫌疑が抱かれた。一五一八年九月ルターはアウクスブルクに召喚される。教皇からの使節でありドミニコ会の神学者にして枢機卿ガエタのトマス・デ・ヴィオ、いわゆるカエタンの前で弁明するためである。一〇月一二、一三、そして一四日と三回の面会が持たれた。ルターは取り消しを求められたが拒絶する。カエタンはこのことについてルターの領主である選帝侯フリードリヒ三世、いわゆるフリードリヒ賢公に書簡で問い合わせ、ルターをローマに引き渡すか領内から追放するように求めた。

ルターの提題は修道会の内部でもセンセーションを巻き起こした。一五一八年四月に彼はハイデルベルクに向けて発った。アウグスティヌス隠修士会の役職者たちが集まるのを機会に釈明するためである。新たにルターは一連の提題を著し、大学の討論の中でこれを公にする。ヴィッテンベルクでの提題を進めて彼は、神学がアリストテレス哲学に依存していることを批判し、人間は神に対して徹底的に受動の状態にあり、これに対して自由意志を持たない、と主張した。

一五一九年夏ルターは再び大学での討論のため、反対者のいるライプツィヒに出向く。討論は六月二六日に始まり七月一五日に終わった。インゴルシュタットの神学者ヨハンネス・エックは教会の立場を弁護し、ルターをさらに険しい主張へと誘導した。ルターは教皇ならびに教会の公会議は誤りうるし、またしばしば誤ってきたのだと公言した。ルターの反対者にとっては、それでルターが異端者であることは決定的に明らかとなる。百年前のプラハの神学者ヤン・フスと同様の立場を主張したからである。彼は一四一五年コンスタンツ公会議で裁かれ火刑に処せられた。ルターはヴィッテンベルクから大勢の信奉者を連れてやって来た。〔教会の〕反対者側ではヴィッテンベルクの修道士が個人として行動しているのではなく、すでに広範な支持者が周りに集まっていることが明らかとなった。よってライプツィヒ討論の結果、古い教会の支持者の間には論争相手となる党派の呼称として「ルター派」(Lutheraner) が広がり、これは一挙に定着した。後にこの嘲りの言葉は、福音派教会においては自分たちのことを誇りに思って指し示すのに用いられるようになる。

ルターは自分を脅かす危険によってうろたえることはなかった。ヴィッテンベルクでは大学教師としても説教者としてもいっそう活躍し、並行してしばしば夜間に数多くの書物を著した。その中で彼は新しい考えを明らかにし、さらに展開させた。一五一八年から一五二〇年の間に数多くの『説教』(Sermone)、信心のための説教風の小さな書がドイツ語で記された。これらは洗礼や聖餐や死といったものを中心的テーマとしている。一五二〇年ルターは同じく大変重要かつ主要な三冊の書物を著した。この中で自身の宗教改革プログラムを展開したのである。よってこれらはまとめて「宗教改革的主要著作」と呼ばれている。『ドイツのキリスト者貴族に宛てて』、『教会のバビロン捕囚について』、そして『キリスト者の自由について』。これらは数多く重版され飛ぶように売れた。

ルターおよび宗教改革の中心となる神学思想は、総じて次のような、いわゆる「～のみの原理」（Exklusivpartikel）によって知られていたし、今日ではさらによく知られている。それは、聖書のみ（sola scriptura）、キリストのみ（solus Christus）、恩恵のみ（sola gratia）、信仰のみ（sola fide）と表現される。教会の伝統によって論拠を示す〔それまでの〕神学に対して、ルターは人文主義の原則に依拠して聖書原理を前面に掲げた。信仰の問題に関しては聖書のみが決定的である。さまざまな権威によって承認されてきた神学に抗して、キリスト中心の立場が定式化された。それはキリストのみが共同体の主であり、義認の根拠であり、倫理の基準であるというものである。人間と神とがパートナーとして協働するような関係にあると見る神学に抗して、人間は完全に神に依存していると捉えられた。根本的に罪人であると見なされる人間にとっての至福とは、ただ恩恵のみによる。善い行いが救いにとって必要であると語る神学

図1　1520年修道士のルター

に抗して、信仰のみがキリストにおいて宣告されている神の恩恵にふさわしく、しかも完全に十分な応答だということになる。信仰を通じてのみ、人間は救われるということである。

キリスト、恩恵、そして信仰というキーワードと福音主義的自由の理解とは密接に関連している。これをルターは発展させ、独特な二重のテーゼで覆った。キリスト者はすべての者の自由な主であり、誰にも従わないが、しかしキリスト者はあらゆる者に奉仕する僕であり、誰にでも従う。まさに人間のすべてが神に依存していることの中に、ルターは人間の根本的な自由が根拠づけられていると見ていた。このことを彼から強制的に奪い去ることはできないし、これこそが共にある人々や社会への没我的な奉仕を可能にした。

すでに一五一八年、遅くとも一五一九年ルターには教会側から異端者と宣告される可能性があった。しかしローマ側は、新しい皇帝の選挙が遅れていて、しかも教皇がこの件に介入しようとしていたので、どうしようかと躊躇していた。こうした理由により、神学教授のことを問題にするのは時宜にかなったことではなかった。というのもルターは有力な領主に雇われていたからである。教皇の見方からすれば、フリードリヒ賢公は皇帝職に就きうる潜在的な候補者であった。ゆえにルターへの訴訟は引き伸ばされたのである。これによってルターおよび宗教改革は時を稼いだ。そしてさらに支持者を獲得し、ついにはもう止めることはできなくなった。

一五二〇年初めルターに対するローマの訴訟は続けられ、文書において一五二〇年六月一五日「破門」(Bann)の脅迫となる。公的な教皇の文書は「大勅書」(Bulle)と呼ばれていたが、ここに特徴的なラテン語のタイトルで「主よ、立ち上がれ」(Exsurge Domine)と記されている。ルターは「愚かな人間」と記され、神の葡萄園を荒らす狐、野豚、野獣のように描かれている。ここで教会からの除名、破門の脅迫がなされたが、彼は六〇日以内に撤回することはなかったようである。大勅書が周知される公式の期間は九月に始まるが、ルターは過ぎ去るままに任せ、一五二〇年一一月終わりになって彼は事実上異端と宣告された。公式の破門は一五二一年一月三日教皇によるさらなる大勅書によって続いた。ルターに対する判断の権限を有していたのは、ロイヒリンのことも取り扱っていたのと同じ教皇レオ一〇世であった。

その間ルターらはヴィッテンベルクに自信に満ちて留まった。一五二〇年一二月一〇日大学の教師や学生たちはエルスター門の前で公に焚書を行う企画を計画した。そこでルターは自らの手で印刷された破門脅迫大勅書のうちの一冊を火に投げ込んだのであった。中世の法によれば教皇から破門された者は、皇帝によって法律による保護を奪われることになっていた。それに伴って世俗の裁判権へと委ねられるのである。このこともルターを脅かした。しかし多くの者にとっては再び予期せぬ執行猶予の事態となる。というのもルターの領主は、破門される前にルター本人が皇帝の前で聴取されるべきだ、と主張したからである。そこで一五二一年四月ヴォルムスでの帝国議会にルターが呼ばれることになった。

帝国議会には各領邦や諸都市から代表者が集まった。選挙で選ばれた皇帝と共に彼らは帝国を共同で支配していた。帝国議会はただ不定期的に行われ、場所を変えて開催された。ルターは四月二日ヴォルムスに向けて発ち、四月一七日と一八日に帝国議会の傍ら皇帝がいる前で、その代弁者であるトリーアの教会法律家から審問を受け、撤回を求められる。ベンチの上にはヴィッテンベルクの修道士が一五一七年以来記してきた書物がこれ見よがしに積まれていた。

ルターには危険が迫っていたが、彼の領主は個人的にヴォルムスに居合わせていて、ルターが皇帝の前に立った時に対策を目論んだ。ルターは何が起こるか知らなかった。そこで五月四日テューリンゲンの森にて、ヴォルムスとヴィッテンベルクとの半ばのところで武装した騎兵たちに「襲撃」され、城塞に拉致された時には驚愕した。フリードリヒ賢公はルターをアイゼナッハのヴァルトブルクという安全な場所へと移し匿ったのである。巷にはルターは死んだという噂が駆けめぐった。しかしルターは状況とうまく折り合いをつけた。髪と髭を伸ばした。その結果として見かけは貴族のようになり、ヴァルトブルクの食糧庫の一室で人知れず「ユンカー・ヨルク」として生き延びたのだ。この場所は今日でも見学できる。彼は大きな課題と取り組んだ。新約聖書のギリシャ語からドイツ語への翻訳である。確かにドイツ語の聖書はすでにあったが、それはエラスムスの校訂新約聖書からこのかた時代遅れとなったラテン語テキストに基づいていた。ルターはよりよい、さらに信頼に足る翻訳を求めると同時に、できるだけ多くのドイツ人に理解できる言語形態を模索した。当時まだ標準語が存在していなかったので

図２　ヴォルムスのルター：教会の代表者たちとの対決

ある。

ルターがテューリンゲンの森でぽつんと離れて暮らし、ヴィッテンベルクのごく信頼のおける人たちと時折手紙だけでやり取りしている間に、宗教改革は前進していった。ルターの同僚、とりわけアンドレアス・ボーデンシュタインは、その出生地にちなんでカールシュタットと呼ばれていたが、彼はルターの神学上の認識から実践的な帰結を導き出そうとした。それには礼拝の改革、聖像を教会から撤去すること、そして共同体における貧困者への保護の再編が含まれていた。一五二一年クリスマスにヴィッテンベルクでは初めて公にパンとワインによる聖餐式が行われ、一五二二年一月市参事会はカールシュタットによって著された宗教改革的教会規定を決議した。しかし実践的な変化は住人たちを不穏へと導いた。というのも宗教改革による道を共にすることを欲しない人々がまだいたからである。とりわけ選帝侯は革新に異議を唱えた。ルター自身にとっても、この同僚がやっていることは行き過ぎのように見えた。よって一五二二年三月初め彼はヴァルトブルクを後にしてヴィッテンベルクへ急ぎ、そこで一連の説教を行った。これは一五二二年三月九日四旬節第一主日の日曜日に始まったので『四旬節説教』と呼ばれている。急速な実践上の変革には警告を発し、古い教会の支持者である「弱き者」への配慮を求めた。ルターは、人々を新しい習俗や規則へと導き入れる前に、まずは人々の良心が解放され、その内的な態度が変化させられねばならないと考えた。ルターの立場はヴィッテンベルクで勝利をおさめた。

一五二二年三月よりルターは再びヴィッテンベルクで暮らすことになる。そして人生のさらなる路線変更が行われる。彼は徐々に修道制から離れていった。すでに一五二〇年もしくは二一年には過剰な労働負担を理由に、日々の祈禱の時間が規則通りには守られなくなっていた。ヴァルトブルクで彼は初めて世俗の衣をまとった。一五二二年三月再びヴィッテンベルクの修道院に戻った時には、すでに四〇人のうち一五人の修道士が去っていた。一五二三年にはまだ一人修道兄弟がいたが、ついにはルターがたった一人残されることになる。友人はルターに修道生活を諦めて結婚するように急き立てた。それをルターは一五二五年、正確には修道士になって二〇年後に決心することになる。彼は修道院を去って保護を必要としていた修道女と結婚した。カタリーナ・フォン・ボラである。

ルター夫妻は六人の子どもに恵まれたが、そのうち四人が成人に達した。アウグスティヌス隠修士会修道院は住居に変えられ、そこには客人のための場も設けられた。ルターは多くの訪問客を受け入れ、客人たちは喜んで食事に誘われた。そこで修道院では普通であったように、もはや沈黙するのではなく、ルターは語り弁じたのであった。訪問客はその後、彼が口にしたことを記録した。こうして『卓上語録』が誕生した。ルターの話や名言が集められたもので、中には多くの面白い話だけではなく、たくさんの粗野な言葉も見出される。既婚者ならびに家庭の父としてルターは、修道士として自分を導いてきた禁欲的な生活を放棄した。彼はよく飲み食いした。その結果、徐々に彼の外見的な姿を描いた絵も変化していく。一五二〇年のエネルギッシュな修道士は、一五四六年に家庭の父としてある人物として、全く異なったものになっている。残存する図絵がそれを示している（先の図1と次の図3）。

一五二〇年代はルターとエラスムスとの大きな論争による影で覆われている。この人文学者は宗教改革とは縁を切り、またルターは人文主義と縁を切る。エラスムスはもともと宗教改革者に対して偏見を持ってはいなかったし、これを論難する前には擁護しさえしていた。しかし徐々に距離をとった。宗教改革者〔ルター〕の粗野で乱暴なところが気に入らなかったからである。友人たちは人文学者〔エラスムス〕に対して、公にルターを批判してこれと対決するよう急き立てた。それは一五二四年エラスムスが『自由意志について』(De libero arbitrio)を著した時に現実となる。この中で彼はルターが一五一八年ハイデルベルクで表明した提題にさかのぼり、人間は神に対してどのような種類の自由意志も持ち合わせていない、という主張を反駁した。エラスムスは意志の自由を擁護し、人間は神による恩恵の提供を受け入れたり拒絶したりできるのであり、ゆえに自分自身の救いに対して共に責任を持つ(mitverantwortlich)と主張したのである。この書物は丁寧で慎重なトーンで書かれており、相手を挑発しようとしてはいなかった。中でも著者は、特に慎重な配慮を要するものではない周辺的なテーマに言及したと思っていた。ところがルターは事柄についても調子においてもこれに激しく反応し、一五二五年『奴隷意志について』(De servo arbitrio)という書物を著す。これは彼の神学において最も重要な著作である。宗教改革者は自らの立場に留まる。人間は神との関係において決して能動的な構成員ではなく、神のみが働くのであり、人間はそれを受領するだけである、というものである。ルターはエラスムスを物笑いにして愚弄した。これによって二人は絶交状態になる。エラスムスは宗教改革については何も知ろうとはしなくなり、自身を再びますます古い教会と同一視するようになる。ルターに対して彼は一五二六年か二七年にもう一度だけ、二巻本で『マルティン・ルターの奴隷意志に対する反論』（Hyperaspistes diatribae adversus servum arbitrium Martini Lutheri）〔いわゆる『重武装兵士』〕を著した。悪意を抱く者には、「詩編」九一編一三により、このタイトルの中にいろいろな意味を嗅ぎ取ることができた。毒蛇ルターの上を踏み進んでいくという意味である。すでにルターは以前よりエラスムスのことを「クサリヘビ」と罵倒していたので、これには応答しなかった。

一五二二年ヴィッテンベルクでの教会および社会の宗教改革的変革がルターの介入によって一時的に中止された一方で、これは他の場所で大きく前進した。多くの領邦や都市が新しい信仰を採用し、同様の実践に続いた。宗教改革のより広い歴史にとって重要なのは一五二六年シュパイエルで開かれた帝国議会である。会議では一致して、それぞれの帝国等族が懸案となっている問題については、おのおの良心に従うべきであると決定した。福音主義的な心情を持つ諸侯は、これを宗教改革への転換を認める許可と見なした。しかし、それから一五二九

図３　1546年のルター

年に再びシュパイエルでさらなる帝国議会が開かれ、この決定は多数決によって無効とされてしまう。福音派は取り入れられた革新を元に戻すよう、最後通牒された。ところが、それに対して福音派は公式に何度も抗議した。ゆえに宗教改革の担い手は一五二九年より今日まで「プロテスタント」と表記されるようになったわけである。

こうした出来事とルターは直接に関わってはいなかった。彼はヴィッテンベルクにいたし、ザクセン選帝侯と結びついていた。というのも、そこでのみ彼は安全でいられたからである。もしルターが一五二六年あるいは一五二九年にシュパイエルに旅していたら、彼はカトリック側当局に途中で逮捕され、遅かれ早かれ火炙りにされて終わっていたことであろう。そうなれば宗教改革者は、違う意味で殉教者になっていたかもしれない。ヴィッテンベルクで彼はさらに教授義務に専念し、聖書を釈義し、なお定期的に説教し、宗教改革によるいろいろな対決に文書を通じて介入した。とりわけ数多くの書簡や勧告文を書き、それによって他の場所にも影響を及ぼした。後年の彼の大仕事はいまや原語、すなわちヘブライ語からの旧約聖書翻訳であった。一五三四年になってやっとこれは完結し、『ルター聖書』が完成する。病気の影もはっきりしてきたが、本質的に短気で癇癪持ちのルターは、一五四六年二月一八日早朝アイスレーベンで死んだ。そこは偶然にも彼の誕生の地であり、ある争いを調停するために出かけていたのである。しかしルターはアイスレーベンには埋葬されず、ヴィッテンベルクの城教会の内部に埋葬された。彼の墓を今日でも訪れることができる。

ルターは宗教改革を突き動かしたが、すでに二〇年代の半ばより宗教改革はルター抜きにして動くようになり、さまざまなチャンスや影響を及ぼすようになっていた。結果として用心のために築かれていた旅行制限は取り払われた。ルターの同僚メランヒトンはヴィッテンベルクでの宗教改革指導者となり、特に対外的な交渉を引き受けた。最初の大きな出来事は、ルターではなく、メランヒトンがすべてを取り仕切ることになる。それは一五三〇年アウクスブルクでの帝国議会である。

フィリップ・メランヒトン

メランヒトンはルターとならぶ第二の偉大な宗教改革者である。彼は宗教改革を外に向けて発信した。宗教改革の神学に衣装を被せ、宗教改革による教会、学校、大学制度を形作った。ゆえに彼には存命中より、すでに「ドイツの教師」（Praeceptor Germaniae）という尊称が添えられていた。メランヒトンはルターとは異なり人文主義者であり、エラスムスとは知己であり、ロイヒリンとは遠い親戚であった。彼は人文主義者として宗教改革者となったのであり、宗教改革者として人文主義者に留まった。このことは彼の関心が――異論の余地なく――教育〔教養〕（Bildung）にあり、しかも――断じて異論なく――一致と平和にあることを示している。すでにアウクスブルクでの帝国会議にもメランヒトンは注意深く妥協的な態度で足を踏み出した。ルターに魅了された者たちは、メランヒトンの用心深さを無礼にも嘲り、彼を「追従者」と誹謗した。メランヒトンはエラスムスと同様に根底では諸宗派和解派（Ireniker）であった。それは彼の子ども時代や青年期の体験に基づいていた。

メランヒトンは一四九七年二月一六日南西ドイツの小都市ブレッテンで生まれた。そこは当時プファルツ方伯領であった。子どもの頃から彼は戦争を目の当たりにしていた。父も早くに戦争に関わる生業〔武具職人〕の犠牲となる。金属細工師という職業による中毒で亡くなったのだ。武具や大砲を作る際に有害物質の含まれる金属と接する中で病気になったのである。フィリップ・メランヒトンの全人生には戦争に対する不安と平和への憧憬が伴っている。

子どもの時、すでにブレッテンでの家庭教師を通じてメランヒトンは人文主義的な刻印を受け、それは一五〇八年から通うことになるプフォルツハイムのラテン語学校でも継続した。この頃ロイヒリンと初めて直接に連絡を取る。ロイヒリンは母方の遠く離れた親戚であった〔メランヒトンは母方の親戚に当たるロイヒリンの妹エリーザベトの家に寄宿していた」。この学者は彼に一五〇九年ギリシャ語文法書を贈り、さらにその名前も贈った。メランヒトンはもともとシュヴァルツェルトといい、ロイヒリンはこの苗字をギリシャ語に翻訳したのである。人文主義者はギリシャ語化あるいはラテン語化された名前を好んだ。エラスムスはデジデリウスを自称し、ロイヒリンはカピニオン、そしてルダーはルターを好んだ。名前の変化は学者にとって、その本来の名前があまりにも大衆的か、あるいは全くの無教養に響く場合、特に重要であった。後にメランヒトンはその名前を「メラントン」（Melanthon）と短縮した。というのも小さな言語障害により発音が困難であったためである。

プフォルツハイムでの学校に続き、一五〇九年一〇月ハイデルベルク大学に入学。そして一五一四年一月メランヒトンはテューービンゲンで修士試験を受けた。一六歳で彼は大学修了となる。メランヒトンは極めて知的であり早熟であった。ハイデルベルクでもテューービンゲンでも彼は人文主義の環境下で行動していた。ロイヒリンは彼に地方にいる人文主義学者への接近の道を開き、自身もまたメランヒトンと常に連絡を取っていた。テューービンゲン時代には、さらにエラスムスとの最初の接触が訪れる。修士試験の後メランヒトンはテューービンゲンで神学の勉強を始めた。しかし、その固有の関心はギリシャとローマの古代にあった。彼もロイヒリン闘争に巻き込まれたが、もちろん大叔父の側に味方した。しかしカバラを高く評価することはなかった。『蒙昧者たちの書簡』でメランヒトンはロイヒリン派として言及されているが、この作品には寄稿していない。彼が一五一七年か一八年にテュービンゲンでルターの贖宥提題を知ったかどうかは分からない。メランヒトンは抜きんでたギリシャ語学者に成長し、エラスムスと比較しうるほどの卓越した人文主義学者への最良のコースにあった。

ところが一五一八年メランヒトンの人生に転機が訪れる。ヴィッテンベルクでは新しく設置されたギリシャ語教授職のために人を探していた。ロイヒリンは紹介を頼まれ、すぐに甥っ子を推薦した。ルターは別の案を抱いていたのだが、選帝侯が決定的な発言をした。ロイヒリンに従いメランヒトンを招聘したのだ。一五一八年八月メランヒトンはヴィッテンベルクにやって来た。若く小柄で華奢な彼は、まず意外な印象を引き起こす。しかし、それから一五一八年八月二八日に就任演説『青年の学習改善について』(De corrigendis adolescentiae studiis)を行い、人文主義による教育計画を披露した。これにはルターを含めて、すぐにヴィッテンベルクのすべての人々が魅了された。メランヒトンは単に古代語だけではなく、歴史や数学をも学修に統合しようとしたのである。この人文学者はルターの拘束力の下、つまり宗教改革の力の下にある新しい働きの場に入り込むことになった。後に彼は「私はルターから福音を学んだ」と人生を振り返って告白している。とはいうものの、まず彼はギリシャ語ならびにヘブライ語教師として活動した。

一五一九年ライプツィヒの討論ではメランヒトンはルター側から登場し、初めて敵側の目を引きつけた。というのも彼はルターと同じく討論に参加していたカールシュタットに主張の論拠をそっと伝えていたからである。おそらく彼はルターたちに教皇制や公会議に対する批判の歴史的背景としての情報を提供していた。歴史について彼は二人の神学博士よりも精通していた。一五二〇年一二月一〇日ルターはヴィッテンベルクでエルスター門前での焚書を企画準備した。さらに一五二一年から二二年に〔ヴァルトブルク城にいて不在の〕ルターの仕事の一部を代行しなければならなかった時、特にメランヒトンが必要とされた。この〔ルターによる聖書〕翻訳作業の背後で彼は協働していた。言語上の問題となるとメランヒトンはルターよりもはるかによくギリシャ語を知っていたからである。後にもヘブライ語の知識が重要となる時もそうであった。ルター聖書とは元来「ルター - メランヒトン聖書」なのである。ヴィッテンベルクでメランヒトンは教会の形成に携わった。彼はパンとワインによる二種陪餐の聖餐式を決行した最初の人物である。一五二一年九月二九日学生たち数名との小さな集まりでのことであった。

一五二一年メランヒトンはヴィッテンベルクで指導的な役割を担う。『神学要覧』(Loci communes rerum theologicarum)の初版を出版したことによるが、この〔今後略して〕『ロキ』はまさに福音神学の最初の教科書となった。特にルターが神学的な時機に応じた著作を発表する一方、その思考を組織的に構成した、構造的で全体的な記述がなかった中で、メランヒトンは宗教改革の教義家あるいは組織者へと成長していったのである。ただしテュービンゲンで開始してヴィッテンベルクで続けられる神学研究は、決して終わらなかった。『ロキ』については生涯に渡り改訂を行い、表現し直したり形を整えたりして、ドイツ語に翻訳したりもした。この教科書を模範に多くの福音神学者たちが倣った。すでに一五一九年ルターはライプツィヒ討論の後、メランヒトンの神学上の才能を知り、一二月にはメランヒトンの小さいながらも力強いその天職を暗に示しながら、こう述べている。「この小柄なギリシャ語学者は神学においてさえも私を凌駕している」。

メランヒトンの『ロキ』は内容的のみならず方法的にも神学を新しい道に導いた。内容的にはルターの理念を突き詰めて考え、それらに言語としてのまとまった形式を与えようと試みた。『ロキ』はその他にも宗教改革の精神による人間学、義認論、解釈学そしてサクラメント論を提供した。方法的には人文主義の理念を取り上げたが、そこには修辞学があり、人生の首座を占めていた。すでに新しい方法は教科書の題目に予告されていた。『ロキ』は仕上がった完全な体系を提供するのではなく、実践的な目標の下での要点を取り扱い、エラスムスの説教論にあるように、学生が自ら素材を集めるように刺激している。メランヒトンは現実的で実践と関連したテーマを取り上げたが、その他のテーマも多く取り上げた。それらは通常の神学の教科書でも取り扱われているもので、神論、キリスト論、創造論、終末論である。導入部で彼は簡明かつ的確な形式化を行う。神性の神秘を私たちは探究するよりもむしろ賛美すべきである。ともかく後には、そう認めざるをえないことだが、メランヒトンがこの原則に完全に忠実に留まることはなかった。後に大幅に改訂された一五三五年と一五四四年の画期的作品となる新版は、取り扱われるテーマに関しては伝統的な教科書に再び近似していた。方法において、特に実践的な目標を目指すことには忠実であった。

『ロキ』は神学者および神学者になりたての者を念頭に考えられていた。しかしメランヒトンは次にほとんどすべての他の知の領域（ラテン語、ギリシャ語、修辞学、弁証法、倫理学、歴史、人間学）のための教科書も編み出した。さらに大学ならびに学校での授業のための教科書、学校や大学の学則規定も作成した。人文主義と同様に宗教改革は教育運動でもあった。メランヒトン自身は博学な学者でもあったため、教育に最も重要な寄与をした。当然のこと、後に彼は

「ドイツの教師」と呼ばれた。彼による教科書の多くは一八世紀にも用いられ、そのいくつかはカトリックの教育機関でも使用されていた。

『ロキ』や教科書とならんで宗教改革と宗教改革神学に対するメランヒトンの第三の大きな貢献は、一五三〇年の『アウクスブルク信仰告白』であり、ラテン語では『コンフェシオ・アウグスターナ』もしくは〔この Confessio Augustana を〕略してCAである。一五三〇年に定められていた国会を前に皇帝は福音派に対して、帝国議会でその信仰を説明するよう求めていた。皇帝は不和を平和裏に調停しようと欲していた。福音派は自分たちの信仰が皇帝に受け入れられるとの希望を抱き、共通の信仰告白が表現されたテキストの推敲に熱心に打ち込んだ。その際メランヒトンに主要な責任が負わせられた。というのもルターは周知の安全上の理由からアウクスブルクに旅することはできなかったからである。ルターは国会の場所にできるだけ近づき、今日の北バイエルンにあるコーブルクに宿をとった。そこは当時ザクセン選帝侯に属していた。アウクスブルクでの福音派の希望はすぐに消え去った。というのも皇帝はすぐに、あからさまに古い信仰の信奉者として振舞い、街での福音派による説教を禁止し、聖体行列への参加を命令したからである。メランヒトンは他の福音派の神学者と共に、信仰告白のテキストに福音派の諸侯と常に同調しながら取り組んでいた。彼は相手側に対して、宗教改革はその原則において共通のキリスト教的なるものの土台の上にあるがゆえに中心点においては一致するものが支配的であり、「乱用」が忍び込んだところにおいてのみ古い教会が批判されているのだ、と合図を送ろうとしていた。よってCAは特異な二部構成をとっている。第一部では神論や罪理解のようなテーマ、しかしまた教会やサクラメントについての教義も取り扱っているが、総じて二一のポイントを挙げ、その中では――表向きには――一致するところが支配的である。第二部では六つのポイントに渡って議論の余地のある問題、一般信徒聖杯、独身制、ミサ聖祭論（ミサの際にキリストの犠牲が繰り返されるという教説）や修道誓願が扱われている。こうした振舞い、つまり妥協に向けた巧みな策略あるいは真剣な提案と見えるものは、しかしアウクスブルクでは無駄であった。居合わせたカトリックの神学者や彼らに追随する皇帝はCAをはねつけ、ルターとその信奉者たちの有罪を確認した。四五〇年後になってやっと、一九八〇年の記念祭という状況の中で、カトリック教会の一般に認められた神学者たちはCAの立場を公式化し、それに賛同しうることに同意した。

メランヒトンは自身の仕事の後の結果を予想してはいなかったであろう。アウクスブルクではCAが水泡に帰した後に大きな波乱が予想された。福音派は皇帝ならびにカトリック側の諸侯が武力で対抗してくることを恐れていた。こうした理由により防衛同盟のためのさまざまな計画が練られた。これは一五三一年二月二七日に成立した。交渉した場所はシュマルカルデンというテューリンゲンの森の南西斜面にある街で、それによりシュマルカルデン同盟ということになった。神学者とりわけルターとメランヒトンにとって、諸侯によるこうした軍事的な計画は、とにもかくにも好ましいとは全く言えないものであった。ヴィッテンベルクでの宗教改革の根本原則は一五二一年から二二年の騒乱以来、武力ではなく言葉によって戦われるべきであるとするものであった。特に政治的な機関〔当局〕は一般的に神が立てたものとして承認され、これへの反抗権は認められず、専制君主に対してさえもそうであった。こうした背景の下、皇帝に対して福音派が軍事同盟に賛同するのには問題があるように見えた。しかしルターとメランヒトンは政治家や法学者から、同盟は人々を守るという正当防衛のためだけにあることを確信させられる。つまり宗教改革を伝播させるのに用いられるのではないこと、特に皇帝はその権力を誤用するなら、特別な当局としての皇帝は自分への服従を要求することはできない、ということである。

だが通常の予想ならびにメランヒトンの危惧に反して戦争に至ることはなく、再び平穏が訪れ宗教改革運動は新しくその力を増した。ヴュルテンベルク公国のような大きく主要な領地は一五三四年に宗教改革に加わり、メランヒトンはテュービンゲン大学の改組に協力した。皇帝には宗教改革と戦うよりもさらに重要なことがあった。トルコ人が帝国を脅かしていたのである。あらゆる軍事的かつ資金的な努力がこの危機を回避するために、こちらの方向に向けられねばならなかった。こうした理由から一五三二年ニュルンベルクの国会で、福音派と皇帝との間での団結に至ることになった。ヴォルムス勅令ならびにそれに伴う福音派への脅しは一時的に中断された(「ニュルンベルク和議」)。しばらくして一五三五年春、教皇はマントヴァでの公会議召集を通知した。それは信仰の問題を取り扱い解決するためであった。平和的な合意が再び見えるかのようであった。しかしメランヒトンとルターは公会議とその成果の見込みについては懐疑的であった。一五三七年二月のシュマルカルデンでの国会を機縁に、ルターは私的な信仰告白を公にした。これは福音の教えを強調し――とりわけ教皇制に対抗し――和解的ではない形で公式化されていた。後にこれはシュマルカルデン条項と名付けられたが、当時は正式には取り上げられなかったにもかかわらず、CAおよび他のテキストとならんでルター派の信仰告白文書の一部となった。ルターは反対していたが、当時のメランヒトンは、もしこの福音派の教えが認められるのなら、教皇を教会の頭として認めることができる、と明らかにし紙に書き留めていた。トルコ人の脅威をメランヒトンもルターも独自の仕方で解釈していたのである。トルコ人は神による厳格な教育〔鞭〕であり、これによって神は罪深い西洋のキリスト教界を罰しているのだ、と。外側で軍事的に抵抗することは正しいのだが、内側においては人々が悔い改めて改心することが決定的に重要であった。

トルコ人への防御はうまくいったが公会議は実現せず、皇帝は帝国の内的問題と宗教的な分裂に改めて取り組む。人文主義の助言者は皇帝に宗教対話を通じた帝国次元での平和的な一致を模索するよう強く勧めた。この道はまだ歩まれなかったが、人文主義の理念には合致した。最初の対話は一五四〇年ハーゲナウで行われた。さらなる対話が一五四〇年から四一年ヴォルムスとレーゲンスブルクで続いた。メランヒトンは福音派側の主な代表者であった。神学者たちは骨の折れる交渉、義認論に関する合意文書を定式化するのに成功した。しかしルターは慎重な反応を示し、ローマからは明らかなノーの返事が届いた。宗教対話は失敗し、メランヒトンは改めて戦争を覚悟した。

この頃ローマは最終的に公会議に賛同していた。度重なる変転の後一五四四年に召集され、さらなる遅延の後に一五四五年一二月トリエントで公会議が開催された。福音派は非公開であることを拒絶した。というのも福音派が要求したように、この公会議は教皇の監督の下に「自由」で「キリスト教的」なものとは見えなかったからである。一五四六年にルターは死んだ。メランヒトンは追悼の辞を述べた。ルターはヒッポのアウグスティヌスやクレルヴォーのベルナルドゥスのようにキリスト教の歴史の中の偉大な人物たちの系列にならぶことになった。そしてヴィッテンベルクの聴衆に偉大な人間の死が、常に来るべき災厄を予告していることを示すのを忘れてはいなかった。事実そうなる寸前であった。同年六月、皇帝は戦争へのラッパを吹いたのだった。

皇帝は単独でシュマルカルデン同盟に対する戦争を敢行することはできなかった。しかし彼は、バイエルン公国のようなカトリックの国々だけではなく、重要な福音派の領地からもかなりの支持者を見出した。ザクセン公国は一五三九年宗教改革に与し、共同でカトリックの皇帝ならびにカトリック諸侯と戦った。というのも領主であるモーリッツ・フォン・マイセンは政治的な利益を期待していたからである。そこで皇帝はモーリッツに領土の拡大と選帝侯への昇格を約束した。この裏切者「マイセンのユダ」〔ザクセンのモーリッツ〕に関する福音派陣営における憤激は大きかったが、事実は何も変わらなかった。一五四七年四月二四日エルベ川のミュールベルクでの会戦は福音派の敗北で終わった。戦いにヴィッテンベルクも狼狽した。学生も教授も逃亡し、大学は閉鎖された。メランヒトンは街の中で可能な限り忍耐強く持ちこたえた。

一五四八年九月アウクスブルクで再び帝国議会が開かれた。これは後にスタイルと内容の鋭さのゆえに「甲冑を着た」会議と呼ばれた。皇帝は福音派に対してカトリックのしきたりと教義を命じ、彼らに一般信徒聖杯と聖職者結婚のみを許可する宗教法を押し通した。この決定は、公会議を通じた争いの最終的な解決に至るまで暫定的な効力を持つとするがゆえに「アウクスブルク仮信条協定」(Augsburger Interim) と呼ばれた。メランヒトンは慄然とし悄然となった。宗教改革は開始後三〇年して終わったかのように見えたのである。銃身の力〔武力〕によって、とりわけ南ドイツでは新しい宗教決定が認められた。多くの福音派の聖職者たちは逃げるか地下に潜るかした。しかしメランヒトンは他の計画に注目していた。福音派の敗退の結果としてヴィッテンベルクは彼の大学と共にザクセン公国に編入され、皇帝はこれを事実上の選帝侯国に引き上げた。かつてのザクセン選帝侯国は領土的に切り詰められ公国に格下げされた。その領主ヨハン・フリードリヒは捕らわれの身であった。よってメランヒトンは「ユダ」の臣民となったのである。しかし、その人文主義的心情によりメランヒトンは抵抗ではなく交渉に賭けた。彼は新しいザクセン選帝侯国にとって「アウクスブルク仮信条協定」をすり抜けるような特別法を画策した。その目論見は、福音派の教えがさらに適用され、ただ祝祭日や礼拝での衣服といった外面的な事柄においては大目に見られるといったものであった。こうして彼は福音派教会を、少なくとも宗教改革の核心領域においては保持しようと望んでいた。ザクセン選帝侯の官吏や選帝侯との接触の中で仕上げられたプログラムは「ライプツィヒ仮信条協定」(Leipziger Interim)と名付けられた。政治的な状況が新たに変化したので、この目論見は法的な力を得ることはなかったが、メランヒトンはこれによって激しい批判にさらされた。彼はかつての学生や友人たちからさえ宗教改革の裏切者と敵対視された。これは彼を深く傷つけた。

一五四五年教皇によって召集された公会議が始まったが、一五四六年には戦争のため中断され一五五一年に集会は続けられた。福音派が最初の公会議の段階で参加を拒否したことにより、皇帝は彼らが敗北した後、第二の会期に合わせて代表者を派遣するよう強制した。ザクセン選帝侯のためにメランヒトンが出発したが、その旅は外的な事情によって断念しなければならなかった。福音派の領地からは、他の宗教改革派神学者と政治使節がトリエントにいた。彼らは特に新しく定式化された福音派の信仰告白を携帯し、これは一五五二年一月に言語化された。

メランヒトンは一五五二年一月ニュルンベルクより先には到達できず、「ライプツィヒ仮信条協定」は効力を発揮しなかった。というのもザクセンのモーリッツがさらなる戦争を指導し勝利したからである。今度のものは——カトリック—フランスの支持を得た——皇帝に対する戦争であった。皇帝は五月に徹底して不意打ちされドイツから大急ぎで去っていった。モーリッツは皇帝がすべての約束を満たさなかったがゆえに戦争を決断したのであった。二重の裏切り者が「諸侯戦争」の後ろに立ち、そこに二重の勝者としてあり、宗教改革は救われたのである。すでに一五五二年六月パッサウで交渉が行われ「パッサウ条約」において福音派を容認することが選択された。一五五五年アウクスブルクでさらに長い帝国議会が開かれた。そこで宗教和議が決定された。CAのメンバーはカトリック側と同等の立場であり、各領主は自身が古い、あるいは新しい信仰に耳を澄まそうとするかどうか（ius reformandi）を決定することができ、その臣民は彼に従わなければならないということが明確に決められた。支配する者が宗教を決める（cuius regio, eius religio）。とはいうものの権限の委譲（beneficium emigrandi）が他の信仰を持つ臣民に対して容認された。もっとも、この決定は公会議による神学問題の、さらに期待された解明に至るまで暫定的に適用すべきものであった。しかしアウクスブルク規定は永続的に持続し、歴史においてドイツに最も長い平和な期間をもたらした。これは一五五二年から一六一八年に三〇年戦争が始まるまでの六六年を数えた。そして一五三〇年のメランヒトンの信仰告白は帝国の根本文書の一つとしての地位にまで高められたのであった。

メランヒトンは宗教改革者の中でも一五一七年の始まりから一五五五年の終わりまで宗教改革の全歴史を実際に共に体験した少数者の一人である。しかし最後の進展をメランヒトンは遠くから疲れて眺めていた。彼はもはや現実の平和を思ってもいなかったし、神学上の対話や交渉を通じて宗教の一致に至る可能性を考えてもいなかった。意志に反して一五五七年もう一度、宗教対話に参加するために二度目のヴォルムスに向けて彼は出発した。だが、すべて以前と同じように水泡に帰してしまう。ともあれ福音派とカトリック派との対立のみならず、かねてからの福音派内部での争いでも失敗する。居合わしている福音派の神学者、固有のルター派はみな一緒になって、互いに罵倒し合い戦っていた。こうしてルターの死後一一年して福音派陣営には深い亀裂が走ることになる。メランヒトンはこうした進展に非常に深く嘆き悲しんだ。祈りへと引きこもり死を願うようになった。そこで彼は「天のアカデミー」(himmlische Akademie)での一致を思い描いていたのだ。それは教師であるキリストと共にある永遠の生としての大学である。当時彼は紙片に、なぜ人は死を恐れる必要がないか記している。汝は神学者の憤怒から解放されるだろう。一五六〇年四月一九日メランヒトンはヴィッテンベルクで死んだ。そしてルターと同じく城教会に埋葬された。

マルティン・ブツァー

メランヒトンはルターによる提題の公表から宗教和議まで、宗教改革のすべての歴史を共に体験した。さらに多くの者が諦めたり逃げたりした一五四六年―一五五二年の危機の時代も耐え抜いた。マルティン・ブツァーは当時ドイツを去った者に属している。彼はイングランドに渡った。ともかく彼はそこで宗教改革を促進した。むろん彼の影響はこの島〔イングランド〕に限定された。というのも彼は一五五一年にすでに死んだからである。

ブツァーは一五一八年にはルターと宗教改革に遭遇している。まだ若い学生の時ハイデルベルクでのルターの討論の際に聴衆として同席し、ルターが述べたことによってすぐに確信させられた。ブツァーはハイデルベルクで勉強していた時ルターと同じく修道士であったが、ドミニコ会に属していた。一五〇七年には故郷アルザスにあるシュレットシュタットで修道院に入る。当時まだ一六歳であった。彼は一四九一年に誕生したが、一一月一一日であった。ゆえにルターと同様マルティンという名を付けられたのである。一五二一年彼はエラスムスと同じように修道院を離れたが、宗教改革の影響の下で修道誓願から正式に自由となり、宗教改革の考え方に従ってさまざまな場所で活躍し、エリーザベト・ジルバーアイゼンと結婚した。彼女は修道女で、ルターの妻と同じく修道院から逃亡してきた。ともかく一五二三年ブツァーは偶然にもシュトラスブルクに行きついた。ライン川沿いの帝国都市が彼の故郷となった。二五年に渡って彼はシュトラスブルクで活躍し、そこで宗教改革者として最も重要な生涯の業績を残した。シュトラスブルクから出た他の宗教改革者と比べれば、彼はよそ者であったが徐々に出世してゆき、一五三一年には教会の集まりの長としてシュトラスブルク教会の監督の地位を得た。すでに一五二五年よりブツァーは福音派の礼拝規則を作る際に決定的な役割を果たし、一五二九年にはカトリックのミサは廃止されていた。他にも一五三〇年には福音派の信仰告白に共同責任で署名することになる。これは『アウクスブルク信仰告白』とならんで提出されたもので、歴史上『四都市信仰告白』（Confessio Tetrapolitana）として知られている。というのもこれはシュトラスブルク、コンスタンツ、リンダウ、そしてメミンゲンによって署名されているからである。

ブツァーは独創的かつ卓越した神学者であり、力量ある組織者であり形成者であった。彼の指揮監督の下、シュトラスブルクでは宗教改革時代を超えた指導的理念が発展させられた。たとえば教会役員という職務の導入について思案され、教会における女性の職務についても熟慮された。ルターやメランヒトンの視点からは教会の職務は男性のためだけのものと定められる他ない。しかしシュトラスブルクでは、初期キリスト教の時代に女性の教会役員がいたと考えられていた。さらに特別な教会共同体の創設も思案されていた。一種の家族的サークルのようなもので、教会の内部で信心深い者たちが共同での礼拝に追々集まり、互いに励まし、またアドバイスするといったものである。ついには堅信式を導入しようという考えも浮上する。それは堅信礼というすでに廃止されたカトリックのサクラメントの代用であり、洗礼の補足であり、むしろ確認でもあり、未成年で言葉も話せない幼児にさえ実行されたのであった。シュトラスブルクでは一六世紀にこうした理念は少しも変更されることはなく、後の時代に大きな影響を及ぼした。今日では福音派教会組織の確固たる構成要素となっている。

ブツァーにもメランヒトンのような人文主義的なるものが刻印されていた。彼もメランヒトンと同様、教会の一致を選ぶか、あるいはむしろ再形成を選ぶかという観念から解放されることはなかった。またメランヒトンと同様、それ以上にはるかに決然とブツァーは四〇年代の宗教対話に参画した。それによってブツァーは国際公会議への道を平易に拓けると期待していたのである。これは懸案の問題を教皇の介入なしに解決するはずのものであった。ブツァーにとって、中心とこれに従属する信仰箇条との違いは、神学的に基礎づけられていた。

一五四〇年六月ハーゲナウから最初の宗教対話が始まり、そこにブツァーはメランヒトンに代わって出席していた。メランヒトンはヴァイマールで病気になり寝込んでいたのだ。ともかく一体何について議論されるべきかという問題ですでにつまずき、話し合いは失敗に終わった。古い信仰の者たちはアウクスブルク帝国会議の際の話合いを引き継ごうとしていた。しかしブツァーと同僚たちはCAそのものが開始点であるはずだと思っていた。話し合いは持ち越された。第二回目の宗教対話にはメランヒトンも参加し、ヴォルムスで一五四〇年から四一年の冬に行われた。そこでも長い間手続きの問題に拘泥し、それからやっと事柄に関する議論へと入っていった。しかし公の対話グループよりもさらに重要だったのは秘密会談であった。これは一二月最後の二週に渡って開かれたが、そこにメランヒトンは含まれていなかった。ブツァーはシュトラスブルクの同僚カピトに支援されて、ケルンから来たカトリック側の改革派神学者であるヨハンネス・グロッパーと話をした。推し進めたのは皇帝の最初の枢密顧問官でブルグントの法律家ニコラス・ペレノー・ドゥ・グランベルである。結果として二三の条項からなる「ヴォルムス本」(Wormser Buch) が示された。交渉の中で、次のような極めて激しい議論となるテーマ、すなわち聖書、伝統、教会の職務、原罪、義認論、正しい行い、教会、サクラメント、儀式について合意に至った。対立したのはミサの形態、聖人崇敬、そして告解義務についてであった。義認 (Rechtfertigung) には格別の重要性が帰せられた。ヴォルムス本は二重義認の教説を提示した。一つは行いなしの義認であり、キリストの功績によるもので、信仰によるものである。もう一つは行いによるもので、信仰により神の助力を伴って愛に従う、というように分類されている。行いなしの義認は再生 (Wiedergeburt)、行いによる義認は聖化（Heiligung）と呼ばれている。しかし後者の聖化による義認は不完全であると説明されている。というのも人間は信頼をすべてキリストの功績に置くべきであるから。

こうしたヴォルムスでの譲歩文章は連合の信仰告白への前段階であり、レーゲンスブルクで召集される次の宗教対話で、皇帝による交渉の基盤となるべくして提案された。メランヒトンとルターは事実が明らかになった時異議を唱えたが、しかし事の歩みを止めることはできなかった。皇帝によって望まれた通り、一五四一年四月、五月、六月そして七月レーゲンスブルクで交渉は行われた。だが、すでに述べたように、もはやメランヒトンもブツァーも支配権を握ってはいなかった。終わりになって、すでに仕上げられ構成された結論が今や「レーゲンスブルク本」（Regensburger Buch）として提示された。すでに記したように、この失敗はブツァーを深刻な失望と諦念へと導いた。だが彼は対話の中で「反対者」も共にキリスト者と受け取られるべきだと認識した。

ハーゲナウ、ヴォルムスそしてレーゲンスブルクで強化されたグロッパーとの繋がりは他の場所で影響を及ぼした。他でもないケルンの大司教でヘルマン・フォン・ヴィート、この帝国の最も有力な人物である選帝侯は、帝国における最初の司教として宗教改革に対し、総じてこだわりなく共感の意を示した。彼はブツァーとハーゲナウで個人的に知り合い、彼を一五四二年二月ブッシュホーベンの狩猟用別邸に招待した。グロッパーと共に宗教改革の措置に関して相談するためである。ブツァーはこのケルン人の意図に感銘を受けた。彼はメランヒトンも誘い込んだ。一五四三年ブツァーとヴィートは宗教改革による教会規則を仕上げた。これは穏健な変更を意図したものである。ところが、この要求に対して強い抵抗が司教座聖堂参事会からなされ、そしてグロッパーもまたすべてが行き過ぎだとして方向転換した。一五四三年ケルンで福音派による二種陪餐による聖餐式が行われた。一五四四年大司教は教皇と断絶する。皇帝は政治的な支配権を剥奪するとして大司教を脅し、最後通牒の形で彼に改革を止めるように要求した。ローマは司教を一五四六年に破門し罷免する。このことはヴィートから公会議および帝国会議に訴えられた。しかし皇帝の代理人が一五四六年終わりに侯国に来て領邦会議を招集し、彼から権力を奪い去る。その際、皇帝の軍隊が近くのゲルデルン公国にいたことが必然的な圧力の源となった。一五四七年一月ヘルマン・フォン・ヴィートは自らの領地に隠遁した。グロッパーによって突き動かされ、ブツァーによって実行され、そしてメランヒトンによって援助されたケルンの宗教改革の試みは失敗した。ケルンはカトリックに留まった。ブツァーは一五四七年秋ボンの福音派の人々を公開書簡で慰めようと試みた。この中で彼は聖書の事例を示した。人間がその卑賤さで満ちるところ、そこでこそまさに神の力は大きくなる。

シュマルカルデン戦争により宗教改革はシュトラスブルクで大きな危機に陥ることになる。ブツァーはアウクスブルク仮信条協定の承認を拒み、決然とこれに挑んだ。仮信条協定の承認は彼にとって永遠の生命を失うという結果を伴うと共に、キリストからの離反でもあった。ザクセンの国々とは異なり、とりわけシュトラスブルクではメランヒトンが求めたような妥協は考えられなかった。なぜなら南ドイツにいたハプスブルクの軍隊は、宗教改革を求める反抗的な支持者に対して暴力を行使することに躊躇しなかったからである。ヴュルテンベルクおよび南ドイツの他の福音派地域の何百という福音派牧師が罷免され、そして多くが逮捕された。もっとも死刑には至らなかった。

しかしブツァーとは異なりシュトラスブルク当局は是が非でも抵抗しようとは欲していなかった。シュトラスブルクの人々には宗教改革のかつての拠点であった福音派コンスタンツの警告的な事例がありありと目に浮かんでいた。これは毅然として皇帝の意のままになるのを拒み、それに対して一五四八年一〇月一五日に降伏するまで、皇帝はこれを帝国追放で覆い、包囲攻撃がなされたのであった。帝国都市のすべての権利と特権をコンスタンツは失った。長い内密の議論の後一五四九年五月一日ブツァーは解雇され、数十年間実り豊かな業績を残した街を四月の五日から六日の夜中に後にし、イングランドへと赴いたのであった。

イングランドでは同じく二〇年来宗教改革は地盤を固めてきたが、それは全く独自の宗教改革であった。イングランド王ヘンリー八世は一五三三年から三四年に教皇の教会との関係を自国ともども断絶した。というのも教皇が離婚を認めなかったからである。彼は宗教改革への傾倒を各自の自由裁量に委ね、修道院を解散してそこから私腹を肥やした。カンタベリーの大司教トーマス・クランマーは「イングランドの教会」に、その頭は国王であったが、ヘンリーの死後（一五四七年一月二八日）福音派の性格を付与した。ブツァーはクランマーから頼られてイングランドに招かれ、ケンブリッジで神学教授となり、ヘンリーの後継者エドワード六世の時、一五五〇年に教会および社会改革の包括的なプログラムを提案した。聖書からの論拠を強力に示しながら彼は、メランヒトンと同じように、CAにおける福音の説教とサクラメントとの正しい関係が教会の二つの本質的特徴であると述べたが、しかしメランヒトンともヴィッテンベルクの宗教改革とも異なって、これに第三のものを付け加えた。それは「教会規律」（Kirchenzucht）であり、教会内の警告の域内で訓戒や懲罰と伝統的に名付けられてきたものである。宗教的かつ道徳的な統制と秩序化を通じて、社会は真にキリスト教化され目に見える形でキリストが支配する領域となるはずである。イングランドの教会はブツァー的な意図に従って発展は遂げなかったが、後にイングランドで展開したピューリタニズムは、この考えを引き合いに出した。

ブツァーは一五五一年二月二八日ケンブリッジで死んだ。ほどなくして宗教改革はイングランドで新たな危機に遭遇する。一五五三年女王メアリ一世がエドワードの後を継ぎ、国土を再カトリック化しようと試み、ブツァーに対する異端訴訟に踏み切った。その遺体は一五五六年二月六日に墓から掘り出され、公に火刑にされた。こうしてブツァーはたとえ死後であるとはいえ宗教改革の殉教者となったのである。ところが一五六〇年にイングランドでの状況が新たに一変した時、彼はエリザベス一世の下で名誉を回復させられた。

シュトラスブルクの福音派教会は過渡的状態を生き延びた。それに対してコンスタンツでは福音派教会は永続して衰退してしまった。歴史はブツァーを正しいと認めなかったのである。

バルタザール・フープマイヤー

シュトラスブルクでの宗教改革の利点およびブツァーの功績の一部は、そこで活動していた洗礼派との比較的寛容な交流にある。当時いわゆる再洗礼派（Wiedertäufer）あるいはアナバプティストと呼ばれていた者たちは宗教改革運動の一部分であり、偉大な宗教改革者たちとは異なり幼児洗礼を批判していた。ヴィッテンベルクではすでにルターがヴァルトブルクに一五二一年から二二年まで滞在していた間、幼児洗礼への批判が行われていた。これは聖書にはほとんど根拠づけられず、教皇による教会の遺物と見なされたのである。またメランヒトンもこの問題について初めは定かではなかった。ヴィッテンベルクでは批判を封じ込めるのに成功した。しかし他の場所では繰り返し再燃した。

宗教改革時代の洗礼派指導者の中で重要かつ実り豊かな一人がバルタザール・フープマイヤーである。彼はアウクスブルク近くフリートベルクの出で、そこで一四八〇年もしくは一四八五年に生まれた。一五〇三年からフライブルク・イム・ブライスガウで勉強を始め一五一二年、ルターがヴィッテンベルクに来たのと同じ年にインゴルシュタット大学で神学博士となる。学者名として彼は故郷のラテン語名を用いた。パキモンタヌスである。インゴルシュタットで彼は副学長まで務めた。フープマイヤーは司祭であり、一五一六年レーゲンスブルクで司教座大聖堂説教者となった。一五二〇年にはヴァルツフートに移り、宗教改革の影響にさらされた。

フープマイヤーは真面目で才能ある説教者であった。レーゲンスブルクでは街に暮らすユダヤ人に対しても説教し、一五一九年のユダヤ人追放にも責任を負うことになる。シナゴーグはマリアに奉献された「麗しきマリアのために」という巡礼礼拝堂に変えられ、フープマイヤーはこれを大きな巡礼運動の中心点としたのであった。追放によって脅かされたユダヤ人たちはルターに手紙を送っている。その中で彼らは「詩編」一三〇編「深い淵の底から」をまねて、ルターの目をそうした悲惨な状況に向けるよう試みている。宗教改革者からの応答についてはは知られていない。

一五二四年フープマイヤーはヴァルツフートで市参事会と協力して宗教改革を導入した。そのために彼は一八の提題を起草し提示した。それらは義認論を基盤にルター的な信仰をうまく説明していたが、神に対する感謝に基づいた善行の必要性も強調していた。さらに彼はミサ聖祭の教義にも私誦ミサにも反対し、母語による礼拝を推進した。教会の中の聖像、巡礼そして独身制は否定された。さらにルターと同様にアリストテレスや中世の神学者たちを論難した。ある箇所（提題八）では後の洗礼派への発展がすでに示されている。フープマイヤーは信仰、洗礼そして宗教的な判断といった事柄においては自主的に各自が責任を負うべきだと説いた。

聖像は教会から取り除かれ、ミサは福音派のスタイルに改造された。すでに一五二四年から二五年フープマイヤーは幼児洗礼の根拠と効力に疑念を持つに至っていた。一五二五年の聖土曜日六〇人の同志たちと共に、初期の再洗礼思想の持ち主であるヴィルヘルム・ロイブリンによって、彼に新たな洗礼が施された。目撃者によると、これには牛乳バケツが用いられたという。フープマイヤーは共同体に属するさらに三〇〇人に最終的には洗礼を施した。当局と共鳴して彼はヴァルツフートに、再洗礼を念頭に、さらに宗教改革を導入していった。

ロイブリンがフープマイヤーに施したような、そしてフープマイヤー自身もヴァルツフートの多くの市民に行ったような、すでに洗礼を受けた者たちの新たな洗礼は、極めて不快なものでもあった。というのも教会の視点からすれば、これによって最初の洗礼による元来の効力が否認されることになるからである。洗礼を繰り返すことを神学者の大多数は第一級の神冒瀆と見なした。初期のキリスト教では異端者と断定された者から授けられた洗礼さえ認められたのであり、そこで正しく洗礼を授けられていたということになり、洗礼の繰り返しを断念していたからである。フープマイヤーと他の洗礼派は、こう答えた。彼らは本当に洗礼を受けたかどうか全く知らなかったではないか。そのことを思い出すこともできず、どこにも記録されていないのだから、と。実際のところ中世においては受洗者名簿が導入されていないばかりか、しばしば子どもの受洗も忘れ去られていたからである。人々はこの秘跡を、教会が保持してきたほど長期に渡っては、それほど真面目に受け取ってはこなかったのである。托鉢修道会が初めて中世末に説教の中で人々に対して洗礼の重要性を諄々と説き聞かせ、両親を徐々に子どもの誕生後と同時に急いで洗礼を施すように強いるような状況を引き起こしたのであった。ルターの場合がそうであったように、それからというもの受洗していないまま亡くなった子どもの定まらない運命を前にした不安から、ほとんど迷信的ともいえる洗礼実践が確立したのである。これは何世紀を通じても根絶されることはなかった。

フープマイヤーと他の洗礼派は、信仰を持たない者あるいは全く信じてもいない者、自らの信仰を告白することすら全くできない人々に施された洗礼の効力も否認した。明確なイエスの言葉が指示されていた。信じて洗礼を受ける者は救われるが、信じない者は滅びの宣告を受ける（「マルコによる福音書」一六章一六節）。これは洗礼派の視点からすると、信仰と洗礼との関連を示しているだけではなく、逆転できない順序をも示していた。

フープマイヤーは内的な洗礼と外的な洗礼とを区別していた。内的な――信仰に至る――洗礼は外的な洗礼――水洗礼――に先行する。神の言葉を聞くことが人間を悔い改めへと駆り立て、これが心を浄化し、内的な洗礼を引き起こす。人間がイエス・キリストを神の生ける子であると告白して初めて、彼は洗礼を受けることができるのである。内的洗礼をフープマイヤーは――ルター的に理解された――義認の現象と結びつけて捉えていた。外的な洗礼は福音を通じて覚醒された罪人の告白を含み、罪の赦しが帰せられることになる。

偉大な宗教改革者、とりわけルターやメランヒトンは、こうした洗礼観に対して激しく抗議しつつ熱心に幼児洗礼を主張し、それを聖書的にも神学的にも正当化しようと模索した。彼らは聖書を用いて論拠を示した。そこから間接的にではあるが、使徒たちは信仰に至った成人と共に、その子どもを含む彼らの「家」に洗礼を授けていた、と締め括ることができた。さらにイエスの言葉「子どもたちをわたしのところに来させなさい」(「マルコによる福音書」一〇章一四節)や旧約聖書にある割礼の儀式からも。これらは子どもにも施されたのであり、その継承である秘跡として洗礼が機能していた。信仰と洗礼との関連は幼児洗礼にもあるのであって、偉大な宗教改革者たちは、親、洗礼立会人や共同体に信頼を置き、信仰が神からの贈り物であり、すでに乳児にさえも根付くことができると理解していたのである。特に原罪の重大性とキリストによって可能となる原罪の赦しの必要性が想起された。それは子どもへの洗礼を通じて実現されるのであった。

あらゆる反論にもかかわらず、一五二〇年代の間に洗礼派運動はドイツ全体で強まっていった。福音派ならびにカトリック派当局はそれらを公の秩序を脅かすものと見なした。帝国議会も問題に取り組んだ。一五二九年シュパイエルで福音派およびカトリック派諸侯によって洗礼派を死刑で威嚇することが一致して議決された。二度目に受洗される者、さらにはそうした再度の洗礼を授ける者、その他に子どもに洗礼を施す両親には、死刑が執行されなければならない。洗礼派はこうした措置を福音派陣営における中世異端審問の復活と見なし、宗教改革教会は今や決定的に新たな反キリスト教皇教会となった、と非難の声をあげた。

ルターとメランヒトンはこうした振舞いに対して、自らの良心および福音的な確信と一致できないという理由で戦った。信仰を異にする者たちへの暴力的な振舞いを、もちろん彼らも常に明確に批判していた。彼らは同年、政治的な領域における抵抗権に関して締結した譲歩とも並んで、逃げ道を見出していた。ルターとメランヒトンは、洗礼派が逸脱した確信や他の種類の教えに従うゆえにではなく、神を冒瀆し暴動を扇動する者たちであると説明した。つまり彼らは異端ではなく〔単に〕暴徒である。すべての暴徒と同じく、この世の権力に逆らわざるをえない暴徒なのだ、と。

フープマイヤーにとってヴァルツフートでの状況は、すでに以前より困難になっていた。街はハプスブルク家に属し、現実には主権を有してはいなかった。オーストリアは圧力を加え、次に住民の一部をフープマイヤーから離反するようにした。名目的には街の、特に女性たちは留まるために尽力するはずであった。暴力によってオーストリア軍はヴァルツフートでの宗教改革を一五二五年一二月に終結させた。フープマイヤーはまずチューリヒに逃れ一五二六年さらにメーレン〔チェコのモラヴィア〕へと向かった。ニコルスブルクでは現地当局と協力して洗礼派改革を遂行するという新たな可能性があった。これは南メーレンにあってオーストリア国境に近く、ゆえにヴァルツフートと同じく国境沿いにある街であった。そこはリヒテンシュタインの領主下にあった。宗教改革はすでに二〇年代初期に根を下ろしていた。ハンス・シュピッテルマイヤー、オズワルド・グライトそしてマルティン・ゲシュルが福音派の説教を行っていた。フープマイヤーは三人の牧師のみならず土地の領主をも味方につけることができた。彼らには洗礼が施された。街には印刷所があったためフープマイヤーは書物を出版することができた。フープマイヤーには大きな反響があった。彼によって洗礼を受けた者の正確な数は明確には言えないが、そこで洗礼運動に賛同した者は、二千から六千あるいは一万二千人にも及ぶと史料は語っている。フープマイヤーは共同体秩序を創出することに尽力し、それと関連させて洗礼、聖餐そして破門といったテーマに関する書物を出版した。毎日三回、彼は祈りのために鐘を鳴らした。しかしニコルスブルクでの共同体秩序は重大な問題であると見られた。これは共同体が力強く成長することと関連していたであろう。ドイツ、スイスそしてオーストリアから数多くの洗礼派がモラヴィアに流れ込み、共同体に加わっていたのである。

だがハプスブルク家の長大な権力はそこにも及んでいた。一五二七年七月彼はカール五世の兄弟に当たるオーストリアのフェルディナント大公に捕らえられ、ヴィーンに送られ尋問された。その際、拷問は免れなかった。フープマイヤーはもう一度『信仰の弁明』（Rechenschaft des Glaubens）を書面で取り下げて温情を請うたが、一五二八年三月一〇日に火刑とされた。妻エルスベト・ヒューグリネはドナウ川に沈められた。

一五二四年から一五二八年の間にフープマイヤーは二五冊の神学的作品を著したが、その中には世俗権力論や抵抗権に関するもの、幼児洗礼、聖餐論、破門や主の祈りの解説に関するものがあった。人間の意志の自由についての論争にも彼は一五二七年に介入した。彼は人間の魂が再生を通じて自由にされていると見なした。それによって人間は救いの獲得に協働し、罪を避ける義務を負うことになる。ゆえに自由意志は再生の際にではなく、再生によって完成に至る過程で役割を演じる。こうして彼はルターとエラスムスを超えた立場で自身の考えを公式化したのだが、それは一八世紀敬虔主義の見方を先取りしたものであった。

洗礼派の宗教改革者フープマイヤーは、その確信と行為のために自らの生命を代償として払うことになるが、それゆえに――比較するに数少ない――宗教改革の真の殉教者の一人となった。しかし彼の理念は、その後さらに生き延びた。まさにモラヴィアでは繰り返し洗礼派共同体による教育がなされた。中でもティロルの洗礼派指導者ヤーコプ・フッターによって創設されたフッター派兄弟団が生まれ、その中で洗礼派は、私有財産を持たないキリスト教の原共同体をモデルに生活した。こうしたフッター派の後継は、今日のカナダとアメリカで「アーミッシュを含めたメノナイト派とならんで」見ることができる。

ウルリヒ・ツヴィングリ

初期の幼児洗礼批判にはチューリヒの宗教改革者ツヴィングリも属している。すでに一五二三年フープマイヤーは彼と連絡をとり、宗教改革の考え方から影響を受けている。しかしツヴィングリは幼児洗礼維持の立場をとり、二人の宗教改革者の間には亀裂が生じることになる。

ツヴィングリは山地農民家族の出であり、一四八四年一月一日アルプスのザンクト・ガレンにある標高の高い峠道にある村ヴィルトハウスで生まれた。彼の簡素な生家はほとんど原型のままの状態で保存されていて、今日でも訪れることができる。ルターやメランヒトンとは異なり、ツヴィングリは当初から教会でのキャリアを歩むよう定められていた。彼の叔父はヴァレン湖ほとりのヴェーゼンで司祭および首席司祭として活躍し、ツヴィングリはそこに預けられた。まず彼は学校を探すが、すでに一四九四年にはバーゼル、一四九六年もしくは一四九七年にはベルンに移った。ベルンの街の学校は一四九三年以来人文主義者ハインリヒ・ヴェルフリンによって運営されていた。ルプルス、つまり彼のラテン語名であるが、ヴェルフリンはソルボンヌで学びスイスでは最初の人文主義者と見なされている。後に彼は福音派となる。ゆえにメランヒトンと同様ツヴィングリにとっても人文主義的な教育環境は大きな影響を及ぼした。勉学のために彼は同じく人文主義的な影響を受けたヴィーン大学に赴き、それからバーゼルに移り、一五〇六年修士号を獲得した。それから神学研究を始めるが、これは一学期で再び中断し、彼は司祭に任命されて故郷から遠くないグラールスで、一五〇六年には主任司祭の職に就いたのであった。

ツヴィングリはそのことで不自由はしておらず、さらなる野望を抱いていたようには見えない。一〇年に渡ってグラールスでの職務に従事し、ごく普通の司祭であった。聖地や行列を愛し、贖宥状の恩恵を評価していた。共同体には行列のための高価な聖体顕示台を寄贈した。従軍牧師としては少なくとも二回スイス軍と共に北イタリアに赴いている。そこで教皇に仕えて戦った。教皇はツヴィングリに一五一五年その功績のゆえ、資金的な報酬を与えている。それは毎年支払われていた。ツヴィングリが多くの同僚たちと同様に、しかしルターとは全く違って、司祭として立てた貞節の誓いを文字通りには受け取っていなかったことは、ほぼ自明である。彼は女性と交際し、よき意図のまま純潔を貫こうとしていたにもかかわらず、童貞として生きることはできなかった。

ツヴィングリはグラールスで私的にも精力的に神学研究を進め、独学でさらなる修練を積んだ。人文主義に関する関心も持続し、エラスムスの著作を読み始めた。一五一六年彼はこの学者をバーゼルに訪ねている。その影響の下でツヴィングリの戦争への見方が変わる。彼はスイス国民によって拡大した傭兵制を批判し始め、平和主義的な考えを表明した。グラールスでは共同体と軋轢が生じるようになり、ツヴィングリは一五一六年アインジーデルンに移る。そこで彼は知り合いのベネディクト会修道院で「教区付司祭」の職を得た。司祭として彼は「教会に集う人々」、信徒たち、とりわけ巡礼者の面倒を見た。彼らはアインジーデルンに黒いマリア像を拝みに来たのである。アインジーデルンでは以前よりも強力に瀆宥とも関わらなければならなくなり、彼が考える過ちについて初めての批判をすることになるが、瀆宥を原理的に問題とすることはなかった。牧会活動の傍らツヴィングリはさらに教父について研究し、そこで彼にとってもルターと同様アウグスティヌスが大きな意味を持つようになる。特に「詩編」

の釈義に専心するようになるが、そのため彼はルターと同じように当時の人文主義を補助手段として用いたのであった。それはファーベル・スタプレンシス〔本名はJacques Lefèvre d'Etaples：ジャック・ルフェーヴル・デタープル（一四五〇頃—一五三六年）でフランスの神学者・人文学者〕による詩編釈義であった。人文主義のサークルの中でツヴィングリは大いに尊敬された。一五一七年もしくは一八年にアインジーデルンでルターの提題を知ったかどうかについては定かではない。

一五一八年一二月ツヴィングリはチューリヒへと招聘される。そこで彼はグロースミュンスター、つまり都市の主要教会で教区付司祭となる。彼の職務には定期的な説教も含められていた。一五一九年一月一日ツヴィングリはその新しい地位に就き、すぐに説教に際して革命的新機軸を導入したが、これを宗教改革への彼の転向と見ることもできる。それは伝統的なペリコーペ〔奉読用や説教の基礎として引用される聖書の一説や抜抄〕の秩序から離れることである。これは各日曜日のために、すべて聖書から既定の隔絶された章句で完璧に用意されたものであった。ツヴィングリは全聖書の各書を釈義し始め、それによって「連続講解」（lectio continua）を導入した。これによる争いは生じなかった。ツヴィングリが宗教改革の一派に属することを公言し、その理念の支持者が初めて公に行動を貫徹する一五二二年になって葛藤は始まった。

いつどのようにしてツヴィングリは宗教改革者となったのか。この二重の問いかけは、ルターに関する同様の問いがルター研究の中で行われているように、ツヴィングリ研究の中で今でも議論されている。ツヴィングリはすでに一五一六年に独自の聖書研究を通じてルターと同じような認識に至っていたと主張している。そこでエラスムスからの影響は本質的な要因であったであろう。ツヴィングリが一五一九年にペストに罹って死にそうになったことが彼に実存的な危機を引き起こしたことも確かである。こうした経験も、ルターの実存的な危機と比較しうるように、転向へと導いたりそれに寄与したりしえたであろう。ともかくツヴィングリにおいて、ルターの場合には宗教的な深みそのものの中で変化があったのに対して、表層的なものから深層的なものへの変化があった。さらにツヴィングリが一五一九年からチューリヒでルターの著作を集中的に読んだのは確かである。一五二〇年には熱心にルターの著作と取り組み、後に彼は自身の図書の中に明らかに全部で二六冊の蔵書を所有していた。このチューリヒの宗教改革者はルターに、まさに直接的に依存していたといえるだろう。しかし、そうした依存についても後にツヴィングリはもはや告白することはできなかったし、しようともしなかった。というのも一五二五年ルターとの論争に突入したからである。彼はこう主張した。一五一九年に

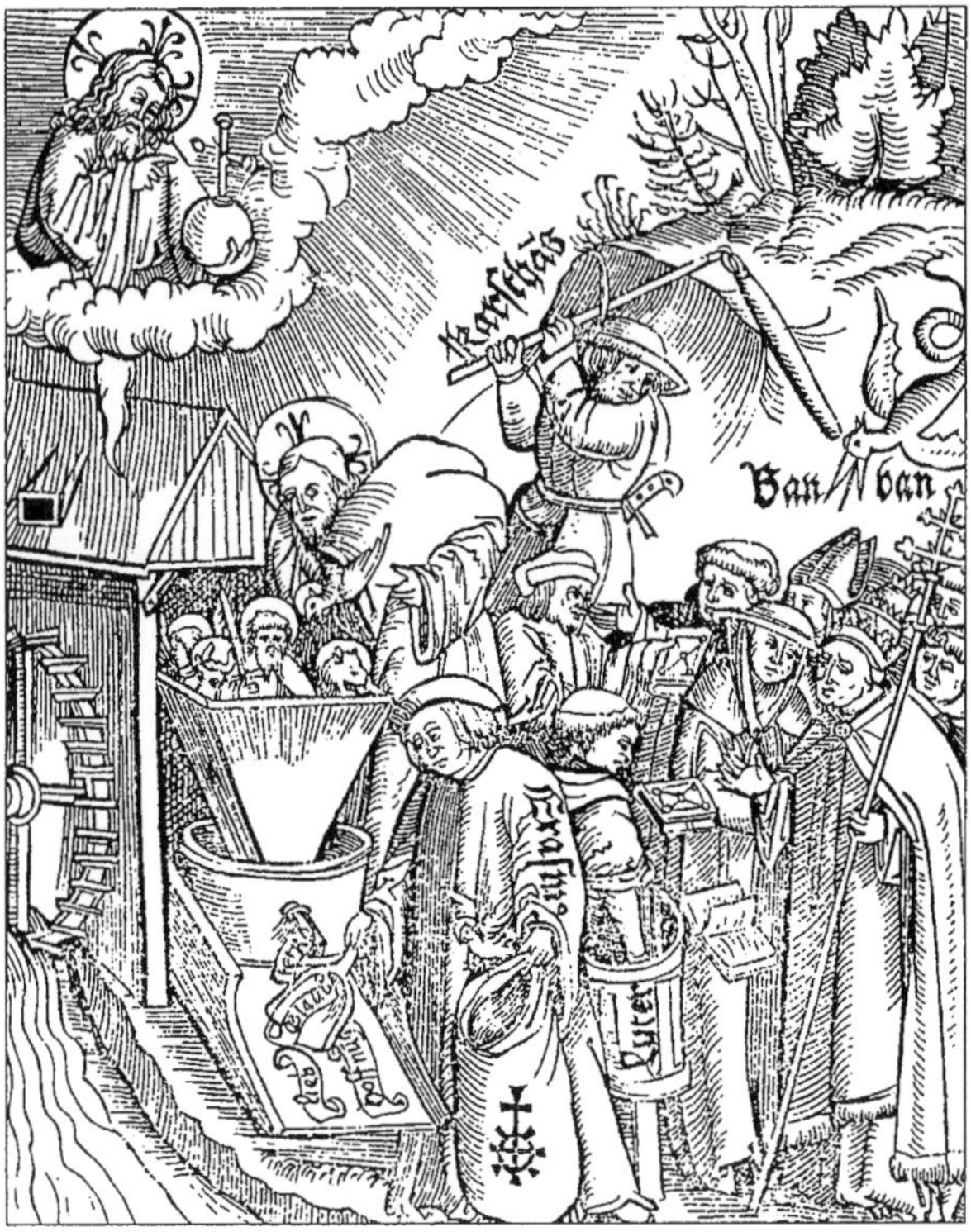

図4　宗教改革という出来事の製粉機によるアレゴリー
エラスムス，ルターそしてツヴィングリ年

ルターが贖宥状に反対する説教をしていたことだけは知っていた、と。

　ともかくツヴィングリは一五二一年グロースミュンスターで教会批判の説教を開始した。彼は修道制、聖人崇敬、ミサそして煉獄と根本的に取り組んだ。しかも農民から街に支払われる（一割の）収益税、いわゆる十分の一税についても。彼は人文主義者から宗教改革者になったのである。

一五二一年に仕立てられた版画の中でツヴィングリが事態を当時どのように見ていて、それを外へと主張したかという繋がりが描かれている。宗教改革という現象は、その関係の中で製粉機のアレゴリーで表現されている（図４）。キリストは製粉業者として登場し、穀物すなわち福音とパウロを製粉機の中に注ぎ込んでいる。これらはひきうすの石によって穀粉に製粉され、ここから信仰、愛そして希望（「コリントの信徒への手紙一」一三章一三節）ならびに力が出てくるが、これらをエラスムスが製粉業者の僕として袋の中にシャベルで詰め込んでいる。エラスムスに背を向けているルターは穀粉から宗教改革的書物という形のパンをこしらえている。それを彼は古い教会の代表者に――彼らを見ることなく――差し出している。後者に、しかし同時に列の中ではより重要なところにツヴィングリが見える。彼は精密に絵の中央に位置づけられている。さらに宗教改革の知らせを、語られた言葉を通じて人々に与え、古い教会の代表者たちと面と向かって論争している。その背後には悪魔がいる。さらに最後では農夫が打穀用のから竿で脅している。すべてを父なる神が見張り、出来事に祝福を与えている。この絵はツヴィングリの大きな自意識を明示している。これはツヴィングリが名をウルリヒの代わりにいつも「フルドリヒ」（Huldrych）を用い、そのことで神の「恩恵」（Huld）――すなわちGnade――「豊かな」（reich）者と称していたことと符合する。ともかくツヴィングリは、語源に根拠づけられるものではないが、宗教的には深いものに基づくウルリヒという名への変更を行った。それは彼だけが特別というわけではない。

一五二二年春「ヴィッテンベルク騒擾」（Wittenberger Unruhen）とほぼ並行して、あるいはこれから影響されて、チューリヒではセンセーショナルな行動が起こった。街の名声ある人物たちが、その中には印刷業者クリストフ・フォルシャウアーがいたが、受難節における教会の断食の決まりに違反して、公然とソーセージを食べたのである。ツヴィングリは彼らの振舞いを『食物の選択と自由について』（Von Erkiesen und Fryheit der Spysen）という小著の中で弁護した。数か月後ツヴィングリは独身制の廃止を要求した。その間にチューリヒではツヴィングリの反対者たちが組織を作り、彼に反対する非難の声をあげていた。状況は年の経過と共にさらにエスカレートしていった。ヴィッテンベルクとは異なり、チューリヒにおける宗教改革は「弱者」（Schwachen）を思いやるのではなく、論争を求めた。チューリヒの街の参事会は、懸案の問題を解決するために討論会を招集することを決定した。それは一五二三年一月二九日に行われたが、「第一回チューリヒ公開討論」として歴史に残ることになる。ツヴィングリはこのために六七箇条提題（『跋』）を起草するが、その中でさまざまな問題に対する自身の立場をまとめている。コンスタンツの司教代理人であるヨハンネス・ファブリも参加している。討論会の後に参事会はチューリヒのすべての説教者に、今後は聖書に則って説教をするよう命じた。ツヴィングリの宗教改革は部分的には勝利を収めたが、まだ完全な勝利には及ばなかった。

一五二三年のツヴィングリの提題はチューリヒ宗教改革の基礎的な記録である。ルターの提題とは異なり、それには学術的な性格はない。これはラテン語ではなくドイツ語で書かれ、大学人ではなく街の聴衆を前にして討議されたのであり、神学的ではなく教会―実践的な性格を持っていた。ツヴィングリは他にも教皇制、ミサ、聖人、断食規則、祝祭日、巡礼、修道規則、独身制そして煉獄といったテーマを取り上げ、一五二一年以来チューリヒで説教してきたことを簡明かつ的確にまとめたのであった。この提題の講義を討論から幾月かの内にまとめ、最も広範であると同時に基礎的な神学的著作『六七箇条の釈義と論証』を起草した。これは一五二三年七月に急遽出版された。

ツヴィングリの神学は、この『釈義』の中で展開されているように、ルターとエラスムスとの間にある。ツヴィングリに特徴的なのは神と人間との間の対立の強調であり、神の絶対的な主権の強調である。人間の自由意志を彼はルターよりもラディカルに退けた。さらに彼は各人が陥っている罪の激しさや強さをより強調する。しかしキリストはツヴィングリにとって人間と神との間の隔たりを架橋し罪から解き放ってくれる。人間にとってこの救済は信仰を通じて、ただ信仰のみを通じて真実のものとなる。教会やそこでの秘跡はこの救済にとって必要ではない。ルターとは異なり洗礼と聖餐はツヴィングリにとって罪を赦す力を持つことはないし、彼はルターとは異なり告解をも退ける。信仰に人間は神の恩恵を通じて至る。ルターとは異なりツヴィングリにとって神は、聖書と説教における言葉とは独立して人間に働きかけ、信仰へと教育することとさえ可能である。信仰を持つ者たちの集まりとしての教会はツヴィングリにとって最終的に不可視の大きさのものである。真のキリスト者は真のキリスト者と霊および信仰において結びつけられている。教皇、司祭そして公会議はツヴィングリにとって全く重要ではない。チューリヒで彼は神の意志に即した共同体を作ろうとした。教区と当局はそこで緊密に協働する。ルターとは異なりツヴィングリはキリスト者の正しい道徳的な生活に相当な価値を置く。洗礼を受けた者はキリスト教的な生活へと義務づけられる。その際ツヴィングリは人間が人間と関わる生活だけを問題とする。断食、聖人礼拝そして修道制といった伝統的な秩序は、ツヴィングリによって元より人間による規則ならびに被造物崇拝と表現され、ルターの場合よりも、さらに根本的に拒絶されたのであった。

第一回チューリヒ公開討論の後、ツヴィングリの支持者たちは挑発的な行動と共に宗教改革をさらに推進していった。いくつかの教会では絵画が取り除かれ、農民たちは街に対して十分の一税の徴収を拒否した。参事会は一〇月の間にさらなる討論会を招集した。これはツヴィングリによる壮大な見世物行事となり、数多くの聴衆を前にして実現された。その中にはヴァルツフートから来ていたフープマイヤーもいて、聖像やミサをテーマとしながら決定的な宗教改革的突破へと導いていった。コンスタンツの司教との関係は断たれ、古い信仰の人々は街を去った。教会から絵画は除去され、すべての修道院が閉鎖された。一五二四年四月ツヴィングリは寡婦であるアンナ・ラインハルトと結婚したが、彼女とはすでに二年に渡って「婚姻証明書なし」で共に暮らしていた。

ツヴィングリの支持者たちの中には幼児洗礼に対して批判的な者も多くいた。すでに一五二四年二月フープマイヤーはツヴィングリと論争的な対話を行っていた。一五二五年一月一七日の討論は解決に至らなかった。数日して近くのツォリコンで初めての「再洗礼」(Wiedertaufen)により、洗礼派による共同体の設立となる。ツヴィングリは街の参事会に介入を要求した。それは逮捕、追放そして処刑という事態に及んだ。一五二七年一月五日チューリヒの人文主義者にして洗礼派指導者、初期のツヴィングリ支持者であるフェリックス・マンツがチューリヒを流れるリマト川に沈められた。二〇〇四年よりその場所には記念の板がある。フープマイヤーが一五二五年の終わりに難民としてチューリヒに突然現れた時、彼は捕らえられ公に再洗礼を撤回するよう強いられた。しかしそれは一度ではうまくいかなかった。フープマイヤーが一二月二九日、ツヴィングリが説教した後にフラウミュンスターの説教壇に登場し、誰もが撤回を待っていた時、その話をツヴィングリがさえぎるまで、彼は成人洗礼を擁護し始めたのであった。何か月もの尋問および拷問の後、フープマイヤーは四月になってようやく期待された撤回を行い、チューリヒから離れるのを許された。初期の同志であったフープマイヤーについて、ツヴィングリは後により鋭く激しい意見を述べ、彼の暴虐を責め立てた。

さらにチューリヒとヴィッテンベルクとの間には戦線が張られた。ツヴィングリは聖餐について熟考し、一五二四年これを教会でも秘跡として保持された典礼行為とする新しい理解に至ったのである。ツヴィングリは聖餐の際のパンについて中世の教会の教えに反して、キリストの実際の身体が問題ではなく、またワインについてその血が問題ではなく、シンボル〔象徴〕が問題であるとする見方を主張した。「である」（est）という聖餐式の際に引用されるイエスの聖体制定の言葉（「コリントの信徒への手紙一」一一章二四節）は「意味である」（significat）と理解される。キリストは聖餐式の時に確かに現在していたが、肉と血と共にではなく、そうすることで共同体がキリストのことを思い出し、その一派に属することを公然と認めるようになるためである。聖餐の行為に関するこうした象徴的な解釈をツヴィングリは一五二五年から印刷物でも拡散するようになる。ルターはそれを読み、一五二七年激しく反発した。ルターは聖書の字句内容に信頼しながら「実在」(Realpräsenz)、つまりパンとワインの中に肉と血と共に、真に、実際にキリストが臨在していることを信じていたのである。彼はチューリヒの人々を「熱狂主義者」そして「サクラメンティーラー」(Sakramentierer)〔聖餐におけるキリスト臨在否定論者〕と罵倒した。ツヴィングリは納得がいかず、さらに断固とした口調でこれに応えた。

聖餐をめぐる論争の背景には、単に聖書釈義における神学的な差異や相違があっただけではなく、異なる敬虔体験があった。ルターは司祭修道士として長年に渡って日々、祭壇での秘跡と親密に関わってきたし、他のすべての者たちと同様この修道士生活の側面を非常に真剣に受け止めてきた。祭壇での秘跡におけるキリストの真の臨在は、彼にとって助けであり慰めを意味していた。これは彼の宗教改革的転回によっても変わることはなかった。それに対してツヴィングリは、そうした経験を有してはいなかった。教区つき司祭として彼は表面的には敬虔な務めに慣れてはいたが、伝統的な聖餐神学や敬虔との断絶は彼にとって容易であった。というのも彼の宗教的な実存は、これとは関わりがなかったからである。

二人の偉大な宗教改革者の間の争いは、戦略的な理由からも合同へ関心を寄せる宗教改革派政治家にとって、とても気に入るものではなかった。ゆえにヘッセンのフィリップ方伯は一五二九年、彼ら喧嘩好きを宗教対話のためにマールブルクに呼び、そこで聖餐を含めてすべての懸案の問題について取り扱ったのである。ツヴィングリ、ルターそしてメランヒトンが向かい合って座ったのは、これが最初で最後となった。聖餐の問題以外では、すべての点で彼らは一致していた。対話はルターによる表決で終わった。彼はツヴィングリとスイス人たちを、もはやキリスト教の兄弟とは見なすことができず、そうした発言によってツヴィングリは涙を流すことになる。絶交は続いたままであったが、メランヒトンは、その諸宗派和解的な性分により何年にも渡って統一のための尽力をしていた。ようやく一九七三年になって、聖餐をめぐり宗教改革の教会を分離させていた争いは「ロイエンベルク和協」で最終的に解決された。

チューリヒでツヴィングリとその支持者たちは、継続して宗教改革的変革に勤しんでいた。教育史上重要なのは一五二五年「教職養成学校」(Prophezei)の設立である。これは聖書学校であり、とりわけ旧約聖書の講義に向けられていた。ヘブライ語聖書に対するツヴィングリの関心は非常に強かった。一五二六年彼は有名なヘブライ語学者コンラート・ペリカンを街に呼んだ。彼は以前ロイヒリンやエラスムスと共に働いていた。一五二四年から二九年の間に、ルターの聖書翻訳が継続しつつある中『チューリヒ聖書』が完成した。ヴィッテンベルクよりも先立ってチューリヒには、新しい訳による完全な聖書があったことになる。全聖書の初の印刷版は一五三一年に登場した。プロフェツァイは今日のチューリヒ大学の基礎となった。

チューリヒによる影響で、一五二三年よりスイスのさらに多くの場所が福音派となった。しかし宗教改革の反対者たちは弛まなかった。ルターの有力な敵対者エックは、宗教改革の進展を大きな討論を通じて阻止しようと計画した。個人的に彼はツヴィングリと対抗して、その見解を論駁したかった。討論会はアルガウのバーデンで一五二六年五月に行うことが定められ、スイスや南ドイツから数多くの福音派およびカトリック派の神学者たちがやって来た。ツヴィングリは安全な護衛の約束にも関わらず行こうとはせず、秘密裏にチューリヒに留まった。代理としてバーゼルの人文主義的宗教改革者エコランパディウスが討論に向かった。エックにとっては、ツヴィングリに対するルターの福音派内における聖餐理解の差異を念頭に置くことで、全面的な勝利に至った。彼はエコランパディウスや他の同席したスイスの宗教改革者たちよりも、知的にも修辞学的にもはるかに凌駕していたので、討論の終わりには表決は明白となった。すべての争点でエックは明らかな多数を獲得し、その結果としてツヴィングリは異端者と判定された。福音派の少数者は、それでももちろん自身の確信に留まった。バーデンでの討論によってスイスの宗派的な分裂が固定した。内的には隔たりを保ちながら遠くから、エラスムスはこの出来事を見守っていた。彼も協働することを求められたが、健康上の問題と称して予め拒否していた。

アウクスブルク帝国議会にチューリヒとツヴィングリは、直接に参加はしなかった。ともかくツヴィングリは皇帝に宛てて個人的な信仰告白を『信仰に関する弁明』(Fidei ratio) として提示することも許されなかった。これは『アウクスブルク信仰告白』や『四都市信仰告白』とならぶ第三の福音派信仰告白であり、アウクスブルクで提示されたのだが、全く顧みられることはなかった。

ツヴィングリとチューリヒは、それまで古い教会を信奉していたスイスの地方でも宗教改革をさらに進展させようとした。そのためにツヴィングリは、どのような手段でも正当化した。以前の平和主義的な確信は放棄され、宗教改革を広げていくためには戦争という手段さえも肯定するようになる。スイスの古い信仰の者たちも戦いの準備に取り掛かった。一五三一年一〇月一一日チューリヒの南東にあるアルビス峠のカッペルで決戦が行われた。その際ツヴィングリは剣を手にし、かつてイタリアで出撃した時のような従軍牧師としてではなく、多くのチューリヒの牧師たちと同様に戦った。福音派は敗れ、ツヴィングリは命を落とした。その遺体は傷つけられ燃やされた。この事実をルターはキリスト教を惑わした当然の神罰だと解釈した。彼はツヴィングリが死んで天福にあずかるのを望みはしたが、ほとんど期待してはいなかった。似たようなことをエラスムスも述べている。それに対してメランヒトンはブツァーに宛てた手紙の中で「教会の名において」その悲痛を表明した。

チューリヒは宗教改革が始まって一〇年しない内に宗教改革者を失った。後はブレムガルテンのハインリヒ・ブリンガーが継いだ。彼はツヴィングリの長年の友人であって信頼を寄せる人物であり、チューリヒ宗教改革の運命を確かな手腕で導いた。それは一五七五年の平安な死にまで至る。

ジャン・カルヴァン

ルター、メランヒトン、ブツァー、フープマイヤーそしてツヴィングリは第一世代の宗教改革者であったが、ジャン・カルヴァンは第二世代の宗教改革者である。彼はルター、メランヒトン、ブツァーそしてツヴィングリから影響を受けた。ツヴィングリが戦って死んだ時、カルヴァンはまだ回心を経験していなかったが、それはツヴィングリと似ていて、彼を人文主義者から宗教改革者にするものとなった。

ジャン・カルヴァン（ジャン・コヴァン）は一五〇九年七月一〇日フランスのノワイヨンに生まれた。父親は地方司祭の庶務係であり、まず息子を聖職者のキャリアに乗せようとした。一五二三年彼はパリで勉強を開始し、中でもモンターギュ学寮に入ることになる。そこはエラスムスも人文主義を刻み込まれた場所である。しかし父親は計画を変えた。おそらく教会の雇い主とのいさかいによるものであろう。今度は息子を法学者にしようと決心した。カルヴァンはオルレアンとブールジュで法律を学び、さらに人文主義を叩き込まれる。彼はこの時すでにギリシャ語——法律職にとって必要とはされていなかった——を学んでいた。法律の勉強はカルヴァンを法学士にしたが、その固有の関心は古典文芸にあった。一五三二年彼はセネカの『寛容について』（De clementia）に関する注解を公刊した。

近くしてカルヴァンには「突然の回心」（subita conversio）と後に一度自身で言葉にしたことが生じた。しかし、いつ、どこで、なぜそれが生じたのかについては分かっていない。もしかするとカルヴァンはルターの著作を読んだか、あるいはドイツから来ていた学者からルターについて聞いたのかもしれない。これについてはドイツの人文主義者であるメルヒオール・ヴォルマーが問題となる。彼はカルヴァンをギリシャ語の初歩的な基礎へと導き、後にそのルター的な確信のゆえにパリを去らざるをえなかったことで知られている。さらにカルヴァンの従兄弟であるピエール・ロベール・オリベタンのことが考えられる。彼はカルヴァンと同様ノワイヨンの出身であり、オルレアンで再会している。オリベターヌスと学者名を名乗る彼は、ともかく後に宗教改革の支持者たちに属することとなり、一五三五年フランス語への最初の福音派聖書翻訳を世に問うた。しかし、これはすべて推測に留まっている。

カルヴァンが一五三三年もしくは三四年冬にパリから去ったのは確実である。彼はニコラウス・コップの長年の友人であったため危険にさらされていた。コップは少し前にソルボンヌの学長となり、一五三三年一一月一日に演説を行った。そこには明確な宗教改革的思想が含まれ、それをもしかするとカルヴァンは起草したか、あるいは共に書いたのかもしれない。コップは訴えられた。そうした状況の中で福音派のバーゼルへと逃れることを選ぶ。一一月の間にパリでは数多くの逮捕者が出るに至った。その年に対立はパリや周辺地域でビラが掲示されるまでエスカレートした。そこにはキリストの聖餐の誤用としてミサが断罪されていた。王は「ルター派」(lutherlichen Sekte) の弾圧を命じた。

カルヴァンは今やフランスを完全に後にすることを決心し、バーゼルに一五三五年一月、詳しくは知られない道を通って行き着いた。そこで彼はコップと再会した。安全に行くために彼はマルティアヌス・ルキアヌスという仮名を用いたが、それはマルティン・ルターを想起させるかなり異様なやり方であった。ところでカルヴァンはバーゼルでは誰かを挑発しようとはせず、自分の学問的関心をさらに追究しようと考えていた。彼は安らぎを求めていた。ブツァーやブリンガーといった人間とは交際し、彼らは後の人生においてさらなる役割を果たすことになるが、おそらくエラスムスとは交わってはいない。カルヴァンはバーゼルでキリスト教信仰の福音的教科書を執筆したが、準備はおそらくすでにフランスで始めていた。これは一五三六年に出版された。カルヴァンが再びバーゼルを後にし、フェラーラへの途上にあった時である。そのタイトルは『キリスト教綱要』(Christianae Religionis Institutio)である。メランヒトンの『ロキ』と比較できるこの著作は、カルヴァンの生涯を通じて彼に寄り添いながら変化して拡張され、さまざまな言語に翻訳された。『綱要』は本来カテキズムであるが、とはいうものの問答形式ではなく論文の形態をとっている。彼は一五二九年に公刊されたルターのカテキズムから着想を得ているが、メランヒトンやブツァーからも示唆を得ている。カルヴァンは律法(十戒)、信仰(使徒信条)、祈り(主の祈り)、さらに洗礼や聖餐ならびに宗教改革によって退けられた「秘跡」である告解もしくは悔悛、堅信、結婚そして終油の秘跡、最後にキリスト教的自由と教会理解や支配論を取り扱った。カルヴァンは序言を付したが、それはフランス王に宛てられている。この中で彼は、背信や革命的な策動といった非難に抗してフランスにおける福音派を擁護している。

一五三六年カルヴァンの人生にさらなる転換が訪れる。学者として平穏の内に生きるよりも、なおもさらに計画に導かれてカルヴァンはフェラーラからバーゼルに戻り、さらにあることに片をつけるためパリへと赴いた。再びバーゼルあるいはシュトラスブルクにも行くつもりであったが、その地域での軍事的な対立のゆえに、ジュネーヴへの回り道を取らざるを得なかった。そこではすでに宗教改革が数年来、同じくフランス出身のギヨーム・ファレルの指導の下で足場を固めていた。カルヴァンは彼と一五三五年バーゼルですでに会っていた。ファレルとカルヴァンはジュネーヴで一五三六年七月初めに再会した。このジュネーヴの最初の宗教改革者は、学者カルヴァンに街に留まって聖書の講師として働くように強く促した。ファレルの声の中にカルヴァンは神の意志を聞き取り、人生において二度目に人生行路を狂わされることとなる。彼は留まって宗教改革に打ち込んだ。〔この時〕人文主義者から決定的に宗教改革者となったのである。

ジュネーヴでカルヴァンは礼拝規則、カテキズムそして信仰告白を著した。ファレルとカルヴァンは街のすべての市民に対して、宣誓のうえで新しい教えを義務づけるという意図を抱いていた。しかし、それは街の参事会にとっては行き過ぎであった。二人の宗教改革者の間では対立が生じた。彼らの間では次のような問題も重要であった。それはジュネーヴでの聖餐式が、ベルンの宗教改革規則の模範に倣って行われるべきか否かというものである。一五三八年春、争いは両宗教改革者の追放で終結した。

カルヴァンはシュトラスブルクに赴き、ブツァーの代理としてフランスからの難民共同体の指導を引き受けた。彼はブツァーの教会組織原理を学び、自らの共同体で数多くのことを試すことができた。それはジュネーヴで実現することのできなかったもので、中でも破門を含めた強力な教会規律であり、聖餐式への参加から締め出すものであった。彼は一五四一年までシュトラスブルクに留まり、そこから宗教対話に参加し、メランヒトンと知り合い、『アウクスブルク信仰告白』を高く評価し、これに同意した。

一五四一年ジュネーヴの参事会はカルヴァンを呼び戻した。彼は帰還し、そこに死ぬまで留まった。今こそシュトラスブルクでの経験を生かし、その宗教改革教会に極めて固有の特色を与えた。ルターやヴィッテンベルクの人々とは異なり、キリスト者の道徳的な生活に大きな価値が置かれた。聖餐論では穏健な形でツヴィングリの立場を主張した。四つの異なる教会職が作り出され、一般信徒は共同体の指導にルター主義よりもはるかに強力に引き込まれることになった。純粋な牧師教会は途上にあった。その際カルヴァンはシュトラスブルクに直に立ち戻り、ブツァーの理念に還った。その願望は、教会を神の言葉の中に予め記されている通りに、教会の初期にそうであったように組織することであった。四つの職務の第一のものは牧者あるいは――ギリシャ語で――牧師であった。牧師には言葉を述べ伝えること、サクラメントを執り行うこと、そして牧会〔魂への配慮〕の義務がある。この職務を許可するにあたっての前提は、教えの純粋さ、教えかつ組織する能力があること、ならびに申し分ない品行である。ジュネーヴの牧師は共同体にとって模範であらねばならなかった。毎週の集会では聖書のテキストが討議され、個々の牧師の教えと生活が点検された。第二の職務は学者あるいは博士である。それらの役割は学校で教えることにある。職務を担う第三のグループは長老たちである。彼らは個々の共同体成員の生活を監督し、牧師に報告する。執事は教会の職務を担う第四のグループであり、集金し、管理し、貧しい者に分け与えるという仕事をする。その他にも彼らは病院を担当したが、それは同時に養老院であり孤児院でもあった。こうした事柄は一五四一年の教会規則の中に規定されている。しかし、これらに移行し教会と当局との間の確執がなくなるまでは、なお数年かかった。

ジュネーヴでは神の三位一体の教えに関して激しい摩擦が生じた。カルヴァンの信奉者で優れた人文学者であるミカエル・セルヴェトゥスは、このすでにキリスト教初期に定められた教えを否定して厳格な一神論を主張し、イエス・キリストの中に神の現象形態を見出しはするものの、神に似た第二の本質は認めなかった。セルヴェトゥスはジュネーヴで告訴され、一五三三年カルヴァンの賛同と共に火刑に処せられることになる。これが宗教改革の最初の異端者火刑であった。メランヒトンと他の宗教改革者たちも判決と処罰に賛同した。もっともバーゼルでは孤独な抗議の声が上がった。人文主義者であり自身も宗教改革の信奉者であるセバスティアン・カステリオンはセンセーショナルな書物を記した。これは異端者火刑に反対し、宗教的な寛容を支持するものであった。一九〇三年セルヴェトゥスのためにジュネーヴに記念碑が建てられた。

ジュネーヴにとってより大きな意義は、一五五九年のアカデミー設立である。カルヴァンは一五三六年より聖書に関する講義を行っていた。シュトラスブルクではヨハンネス・シュトゥルムによって創設され指導されていたギムナジウムを知っていた。一五四一年に教会規則の中でカルヴァンは、教会と国家に仕える博士の職務について語った。一五五八年ジュネーヴで実行に移すべくふさわしい建物を探し、ギムナジウムとアカデミーを設立した。アカデミーは大学に相当するものであったが、この名称を用いることはできなかった。というのも当時の大学は教皇の権限機関であり、ジュネーヴでの福音派大学の設立に賛同する教皇などいなかったからである。多くの者がこの試みに対して懐疑的であったが、開校の年すぐに一六二名が登録した。やがて多くの外国人も来るようになった。学生は学籍登録の際にジュネーヴ信仰告白に署名しなければならなかった。アカデミーではまず神学だけが教えられ、その際ほとんどもっぱら聖書釈義が行われた。カルヴァン自身は旧約聖書について講義し、一歩ずつこれを解釈していった。彼は講義をヘブライ語のテキストを読み上げることで開始し、それからテキストをラテン語に翻訳し、その後で自身の解釈を述べた。その際、彼は何らメモのようなものを用いることなく語った。この男は驚くべき記憶力の持ち主だった。カルヴァンの死後、アカデミーには医学部と法学部も設立された。ジュネーヴのアカデミーは今日のジュネーヴ大学の基礎となった。

しかしカルヴァンは単なる聖書釈義家ではなかった。シュトラスブルク時代および第二ジュネーヴ期に、再び『綱要』（Institutio）に着手していた。簡潔にまとめられた『綱要』からは、タイトルを保持したことからも、また極めて細部に渡り大きな分量を伴って神学の全体を叙述することからしても、メランヒトンの『ロキ』が絶えず膨張していったのと比較される。一五三九年この最初の新版が出され、増補版が一五五九年に続く。カルヴァンは毎回新版に自身によるフランス語への翻訳を付加させている。この両新版は神学の学生のための教科書と見なされ、メランヒトンの『ロキ』から強い影響を受けている。一五五九年版は八つの章に分けられていて、四冊の本として姿を現した。これはカルヴァン神学の包括的な叙述の出発点である。

カルヴァンの神学的思考の基準点はメランヒトンから影響されたテーゼ、すなわち神認識と自己認識は関連しているというところにある。そもそも人は神と隔絶されて関係するのではない。人は神を、ただ自分との関わりにおいてのみ考察できる。神認識の起源は聖書にある。そこで神は、その民衆ならびに神に選ばれた人々との関係の中で出会う。神論の枠内でカルヴァンは、ルターやメランヒトンとは異なり、ツヴィングリと共に聖像禁止を強調する。

カルヴァン神学の特質は、多くの議論が解明してきたように、予定論にある。カルヴァンは、そうありうる問い、すなわち人間のある部分は信じ、その他はそうではないというところから出発する。彼は、信仰者を神がその人の中に働きかけた者と見なし、神はすべての時間に先立って、理由づけることも背景を探ることもできない決定〔神意〕を下した、とする見解に至った。罪深い生活に堕落した人間の大多数から、ある者は選ばれ、その者には、信仰とそれに伴う救いが贈られる。カルヴァンはこうした熟考の際に、自身も集中的に関わった教父アウグスティヌスの考えを引き合いに出した。しかし、この選択と共に神は同時に他の者が選ばれていないことを知っているはずであり、彼らは永遠の断罪に引き渡されることになるであろう。ルターの伝統を引き継ぐ神学者はこうした思考の歩みには付いてゆけず、「テトスへの手紙」二章一一節によって、神はすべての人間に救いをもたらそうとしているのだと主張した。しかしジュネーヴでも反論があった。フランス出身の宗教改革的な心情をもつ人文主義者で医者のジェローム・ボルセックは、カルヴァンの教えによって神は罪の創始者とされてしまう、と一五五一年公然と異議を申し立てた。この男はさっそく捕らえられ、尋問され街から永久追放された。彼はフランスに帰り、再びカトリック教会に与し、ジュネーヴの宗教改革者に対して怒りの書物を記した。

一五六四年五月二七日カルヴァンはジュネーヴで死んだ。意志に従い彼は匿名で埋葬された。墓石がその墓を飾ることもなく、彼の墓はどこにあるのか、もはや誰にも分からない。カルヴァンは自分に関して大げさに言うことはなかった。ゆえに彼の生活については少ししか知られていないし、講義の際に数名の学生によって記された落書きに一度垣間見られるだけで、彼についての絵もほとんどない。彼は常に事柄だけに仕えようとし、その支持者たちから――少なくとも伝統的に――ルターがそうであったように福音派の聖人に仕立てられることはなかった。カルヴァンの後任は、ジュネーヴでその生徒であったテオドール・ド・ベーズが継いだ。彼はカルヴァンと同様フランス人であり法律家であったが、貴族であり、その前はアカデミーの学長であった。

カルヴァンはその第二ジュネーヴ期から始まり、死後も大きな影響力を及ぼした。多くの国々の福音派（Evangelische）の人々、とりわけフランス、オランダそしてイングランドでそう呼ばれていたすべての人々は、彼の神学とジュネーヴの模範に添った。こうしてカルヴァン主義は福音派の神学ならびに敬虔および福音派教会制度の流派として成立し、ルター主義とならんで今日まで存続している。チューリヒとツヴィングリはこうした影響力を持つことはなく、ブツァーの影響も部分的にはルター主義に、部分的にはカルヴァン主義に流れ込んだ。ところが、すでに一六世紀には一方でルター派教会、他方でカルヴァン派あるいは「改革派」（reformierten）と呼ばれていた両者は、福音派キリスト教の二つの大きな形態を今日まで形成している。

対抗者

宗教改革は開始から反論に直面していた。これは宗教改革に対抗したが、自分たちでも精力的に教会の改革を要求し、促進していった。まずロイヒリンは宗教改革に近い立場に立ち、エラスムスさえも彼らに共感したが、しかし両者とも再び背を向け古い教会に忠実に留まった。ロイヒリンは宗教改革に対する露骨な対抗者としては活動せず、エラスムスも限られた形でのみ活動しただけであった。だが人文主義に根差す他の学者の中には、最初から継続して宗教改革に対し公然と猛烈に戦いを挑む者たちがいた。

ヨハンネス・エック

エックは宗教改革に抵抗した最も有名な対抗者であり、知的にも最も能力ある人物の一人である。彼はすでに贖宥論争にルターと共に真剣に取り組み、ライプツィヒ討論ではルターを挑発し、バーデンではエコランパディウスと争い、メランヒトンとはアウクスブルクで出会い、ブツァーとメランヒトンと宗教対話をし、フープマイヤーについては彼が学生の時から知己であった。ルターに対するローマの訴訟や破門判決において、またツヴィングリを異端としたのにも彼は主要な責任を担った。それゆえに福音派からいつの時代も嘲られたのは驚くに値しない。ルターは「メス豚博士」(Dr. Sau) や「インゴルシュタットの豚」(Schwein von Ingolstadt) と語っていた。

ヨハンネス・エックはもともとヨハンネス・マイヤーといい、ギュンツのエッグの出である。その出身地が彼の名字となるのだが、それはカールシュタットがそうであったのと同じである。彼は一四八六年一一月一三日に生まれた。故郷から遠く離れたロッテンブルクの学校に行ったが、そこで叔父が司祭をしていた。メランヒトンと同じくハイデルベルクとテューービンゲンで学び、やはりメランヒトンと同じく若年にしてテューービンゲンで修士号を取得した。それは一五〇一年で一四歳の時である。それからケルン、フライブルク・イム・ブライスガウで学び、ルターと同じく博士号(フライブルクで一五一〇年)を取得して同年人文主義によって改革されたインゴルシュタット大学で教授となる。学生の一人にはフープマイヤーがいた。彼はフライブルクからインゴルシュタットへとエックに従い、エックは一五一二年インゴルシュタットで彼に学位を授与した。

メランヒトン、ツヴィングリそしてカルヴァンと同じく、エックは徹底した人文主義教育を受けた。中でもロイヒリンによってギリシャ語とヘブライ語を学んだ。それに対してエラスムスとは個人的に出会ってはいない。エックはエラスムスの新約聖書に慎重に反応し、聖霊降臨の奇跡を指して、この学者の主張を批判した。福音書記者たちはギリシャ語を十分に意のままにはしていない。というのも、それは彼らにとって母語ではなかったし、その使用に際してはヘブライ語の民衆語からの特異性に影響されていた、と。エラスムスは完全に聖書的に反撃した。聖霊降臨の奇跡の歴史の中でギリシャ語は挙げられていないし、加えて聖書が述べ伝えるところによれば、驚くべき語学の才能は一日だけ続いたのである、と。

一五一七年にはエックとルターとの間に前向きな関係のきざしがあったが、すでに一五一八年にはエックによるルターへの攻撃が行われる。アイヒシュテットの司教代理として彼の個人的用途のために、エックはルターの贖宥提題に関する手書きの批判的なコメントを著した。このコピーがニュルンベルク経由でルターの手元に届いたのだが、それをエックは意図していなかった。ルターは激怒して自身の立場から手書きで応答した。その考えはニュルンベルクの仲介人を通じてエックに届けられた。同時にカールシュタットは一五一八年四月に提題を世に問い、これについての討論を刺激した。エックは一五一八年八月同じく悔い改め、贖宥ならびに恩恵や自由意志といったテーマに関する自身の提題をもって公に応答し、カールシュタットに対して討論を要求した。一〇月ルターはアウクスブルクでエックと会合し、討論の場所と時期について話し合った。エアフルトあるいはライプツィヒが考えられていた。エックは一五一八年一二月、すでに挙げられた一連のテーマについてさらなる提題を公にした。表向きにはカールシュタットに当てたものであるが、実際にはルターに向けたものであった。これに対する反論の提題をルターは著し、討論に参加することを通知した。そうこうする間にライプツィヒで行われることが決められた。こうしてエックとルターは一五一九年六月ライプツィヒで出会うこととなる。すべてを引き起こした手書きのメモは「小さい串」(Obelisci)であり、そのようにルターはエックのテキストを名付け、「星印」(Asterisci)でルターが答えたとある。これはエックの死後印刷された。

ライプツィヒ討論は、エックの見方からすれば自身にとって実りある結果となった。エックにとってはルターから本音を吐かせ、明らかに彼を異端の立場の代表者とするのに成功したのである。すでに半年前ルターとアウクスブルクで出会った後、エックはルターが贖宥よりもさらに行き過ぎているのではないかという疑念をもっていた。彼はルターの贖宥批判に密かに賛同する一方、悔い改めの見解および教皇制に対するルターの態度には激しい批判を加えていた。続いてエックが教皇の首位権と関わり、それについて一五二〇年に本を著すと共に、悔い改めのサクラメントと取り組むのは偶然ではない。これについては一五二一年から二三年に同じく三冊の書物を公にしている。

ライプツィヒでエックはまずメランヒトンと会うが、彼とは後にルターよりもはるかに多く関わることになる。ともかくエックはメランヒトンのことを一五一九年には、まだ重要ではないと見ていた。彼が小柄であるのを「大胆な小男」（kühnes Männlein）とあてこすりながら嘲って軽蔑的に表していた。神学の大学修了試験を受けていないだけではなく、「ヴィッテンベルクの語学教師」だからである。その一方で彼はルターのことをも恭しく「父なる、マルティン・ルター」（Vater Martin Luther）とか「マルティン博士」（Doktor Martinus）と呼んでいた。討論のサイクルの過程でエックとメランヒトンは直接的な衝突の事態に二度至る。というのもメランヒトンはルターとカールシュタットに対してエックの怒りへの根拠を提供し、彼らに正しくも鋭いメモを示していたから。ライプツィヒの学生ヨハン・ルベウスが伝えているところによると、「霊はそれが望むところに動く」とか、あるいは「ラテン語で議論をしている最中に異例にも」ドイツ語で皮肉な挑発「フィリップ、もう一度何か言えよ」など、エックはメランヒトンを公然と叱責した。

一五二〇年エックはローマからの命令で破門威嚇大勅書を推敲した。ローマ教皇庁に討論の経過を報告する中で、おそらく彼自身がこの仕事へと話をもっていったのであろう。テキストの作成にはカエタヌスも参加している。エックは教皇司書ヒエロニムス・アレアンダーと共同で、七月に大勅書をドイツで公刊する依頼を受ける。しかし自分の陣営でも相当の困難に出くわすこととなる。多くの司教は混乱が生じるのを恐れて躊躇したからである。エックには大勅書の発表の範囲で、ルターの支持者をはっきりと名指しする権限が与えられていた。そこでカールシュタットとニュルンベルクの人文主義者ヴィリバルト・ピルクハイマーもまた破門へと威嚇された。九月の終わり文書はマイセン、メルセブルクそしてブランデンブルクで公にされ、一〇月三日にヴィッテンベルク大学に送付された。エックは仕事を遂行した。

一五三〇年アウクスブルク帝国議会でエックは『アウクスブルク信仰告白』に四〇四の提題をもって立ち向かい、『反駁書』（Confutatio）編集の指揮責任者となる。これは皇帝の名において一五三〇年八月三日に帝国等族の前で読み上げられ、よって帝国法による効力を得ることになるが、ルター派の等族には正式に送付されていない。これはＣＡがいかに共通の信仰信条であるかを強調し、意見の相違を説明している。その際、聖書、教父そして初期の公会議が論拠とされた。その他にもエックは『四都市信仰告白』およびツヴィングリによって提出された信仰告白への反駁書も作成する。帝国会議の背後ではメランヒトンと調停交渉に参与するが、確かに実りはあったものの成功ではなかった。この対話の中でエックはメランヒトンを評価するようになり、彼を神学者として初めて受け入れたのだった。二人はお互いに親しくなり、書物を貸し合い、互いに冗談を言ったりしていた。

ライプツィヒおよびアウクスブルクとならんで宗教改革の対抗者としてのエックの公での輝かしい登場は、一五二六年バーデンでの討論であった。二〇〇人の聴衆の前で彼はエコランパディウスと、その他にもスイスの宗教改革者と聖餐の理解と実践について論争した。エックは成果をあげた。対抗者が求めて、そのための戦術的な根拠を語ったからだけではなく、人文主義に根拠づけられた確信からプロテスタントの聖書原理を固有のものとし、聖書を基礎にしてのみ議論をした。こうして彼は自分だけの武器で福音派を打ちのめしたのである。たとえツヴィングリがこの催しに計画的に参加したのだとしても、これは今日でも宗教改革史の最高点に数えられるであろう。チューリヒ人が遠くにいる結果、これらはスイス内的な事件に止まった。

しかしエックは自身の教会とも争った。彼は中世的な利子徴収禁止の廃止を支持し、近代的経済倫理へのきっかけを作った。教会は利子を付けて金を貸すのは罪であるという見解を持っていた。ルターもこの立場を取った。しかしエックとは違う見解であった。商人の良心的葛藤や教会理論と経済実践との間の矛盾、利子と高利との違いに目を向け、五パーセントの利率が正当であるとした。彼はこの問題についての討論を要求した。それは一五一四年インゴルシュタットで妨げられたので、一五一五年ボローニャで行われた。さらに一五一六年ヴィーンで続けられた。しかし、この問題についてエックは目的に至らなかった。多くの人々が彼をフッガーの奴隷だと罵った。

古い信仰の第一の神学者としてエックは、一五二五年から文書によって洗礼派と対決した。その背景には、よりによって彼がかつて最優秀と評価した才能ある学生フープマイヤーがこの道をとったこと、加えて一五二四年秋かつての教師に対して二六提題が出されたことがあるのかもしれない。アウクスブルクのために作成された四〇四条項の五番目で、エックはフープマイヤーと正面から対決する。

改革者としてエックは、一五一五年よりインゴルシュタットで活躍した。メランヒトンと同じく、彼は論理学の近代的な教科書やアリストテレス注解を著した。これはテキストを意図して簡略化したもので、中世の注解よりも学生には向いていた。他にもインゴルシュタットでは古い講義室での講義が、現代的な講読コースと置き換えられた。インゴルシュタットでエックは喜んでしばしば説教した。一五三〇年から三九年の間に説教に関する五巻本が出版されている。ルターやツヴィングリに応えた独自の聖書翻訳を、彼は一五三七年に発表している。

神学者としてエックは、神学のさまざまなテーマについて寄与した。その中に予定説と義認論がある。カルヴァンとは全く異なり、そこに典型的にカトリック的なものを説明する。神は恩恵と共に働き、この中に死に至るまで留まる者を予見し、それらを救いへと定めている、と。こうした立場によってエックは神の主権を保持するが、それはカルヴァンの関心事であるものの、人間の個人の存在にも余地を残したのである。人間の救いへの道における「作用因」は、スコラ学の用語では神の恩恵であり、人間の振舞いではない。というのも神の恩恵は、人間がそれを受け入れることもでき、あるいは拒絶することもできるきっかけを与えるからである。予定は、ゆえにエックにおいて神の予見知の結果としての神的な運命なのである。

エックの神学上の主要著作は、メランヒトンを手本に企てられた神学の全体的記述であり、『神学要点便覧』(Enchilidion locorum communium)とのタイトルで一五二五年に初版が出ている。この著作においても、彼が聖書に精通し聖書によって議論することを理解する神学者であることが分かる。メランヒトンがその『ロキ』を、カルヴァンがその『綱要』を何度も改訂したように、エックもまた『便覧』を改訂し拡張したが、一五三〇年初めてドイツ語訳された。これは全部で一二一版を数えるが、その中には一〇のドイツ語訳、オランダ語訳そしてフランス語訳がある。エックはこの著作の中に、宗教改革と対決するのに有用な議論の材料を用意した。その際、彼は常にあるテーマの根本的な記述を、まず宗教改革からの反対意見と対抗させ、それに対する解答が続けられるといったスタイルを取っている。多様な新版の中で企てられた拡張が、宗教改革時代の神学的対話の足取りを反映している。たとえば一五二九年、福音派からの聖餐論争に応えて、彼は臨在（Realpräsenz）のテーマを取り上げ、同じように洗礼派との対決に応えては、幼児洗礼のテーマを取り上げた。『便覧』の中心テーマは常に教皇首位権であり、これについてエックは一五一九年ライプツィヒで論争したのであった。エックはヒエラルキーによって構成された旧約聖書の祭祀とつながった優位の上に教皇の権利を主張する。つまり、すべての使徒よりもペトロが持つ名目的な優位と君主制は、至るところで最高の支配形態であるという議論であり、そこで自明のこと、神が教会のために最上の支配形態を選んだ、というのである。ローマの司教はエックにとって牧人〔牧者〕であり、教会の教師であり、彼らは誤りえないと見なしていた。

宗教改革時代の終焉、そして彼が強く要望した公会議の始まりも、エックは共に体験することはなかった。彼は一五四三年二月一〇日インゴルシュタットで死んだ。福音派は彼の死について怪談を流布し、さらに大きな「キリストの敵」として罵った。

レオ一〇世

ルターが提題を発表した時代に支配していた教皇は、神学的にではないが教会においては宗教改革の最も重要な対抗者であった。教皇レオ一〇世は一五一三年三月一一日に選ばれ、一五二一年一二月一日にローマで死ぬまで教会を支配していた。

レオ一〇世は元来の出自からジョヴァンニ・デ・メディチと名乗り、一四七五年一二月一一日フィレンツェで生まれた。メディチ家は街で最も有名な一族であり、ヨーロッパでも主導的な銀行を所有していた。一四三四年以来、メディチ家はフィレンツェの街の長でもあった。ジョヴァンニはロレンツォ（il Magnifico）〔偉大で豪華な人〕の次男であるが、父は一四七八年以来、ほとんど独裁的にフィレンツェを支配していた。レオは人文主義的な考え方を持っていて芸術や詩を奨励し、イタリアでは仲裁者として活動し、家庭の資産を管理したが、〔その有り様は〕まともではなくずさんであった。

次男としてジョヴァンニは、高貴な家系のしきたりに従って聖職位に定められていた。七歳で〔聖職者として〕剃髪され、早くから彼は教会での恵まれた順位や財産――教会禄――を与えられていた。それらは収入をもたらしたが、その中には年月を経て威厳を備えたベネディクト会大修道院モンテカッシーノがあった。ジョヴァンニは人文主義の教育を受けた。そして、すでに一四八九年まだ一四歳にすらなっていない内に枢機卿に任命された。

フィレンツェでジョヴァンニは家族と共に混乱した年月を体験した。ドミニコ会の懺悔説教師（Bußprediger）ジロラモ・サヴォナローラが登場したのである。彼は教会に関するルターの多くの批判を先取りしていて、「詩編」三〇編および五〇編の釈義についてルターが述べることを評価していた。外交的な不運を通じて引き起こされた一四九四年のメディチ家追放の後、サヴォナローラが街の指導権を握った。一四九四年ジョヴァンニは変装して街を抜け出し、ボローニャへと逃げ延びた。引き続き兄弟であるジュリアーノと共にドイツ、フランドルそしてフランスを旅行する。この旅行の中でエラスムスと知り合いになり友情を結ぶ。エラスムスは後に彼が教皇になった時、その新約聖書を献呈した。というのもエラスムスは、人文主義の教育を受けた者が職務に就くことに大きな期待を寄せていたからである。レオ一〇世は丁寧に手紙で感謝し、さらに一五一九年より出版される『校訂新約聖書』の版に推薦書を付けるようになった。一五一七年レオはエラスムスを特免（Generaldispens）によって誓願から解放し、同時にその不当な出自の恥辱から自由にしたのであった。

一五〇〇年ジョヴァンニは再びイタリアに戻り、ローマに移動する。そこで文学と美しい芸術に専心するが、すぐに教皇の邸宅で名声と勢力を得ることに成功する。ユリウス二世の下、ボローニャで教皇の公使（Legat）となり、教皇派であるスペインの領主を統率した。彼はイタリアからフランス人を追い出すよう命じられていた。強力な王フランソワ一世の下でフランスは、北イタリアにおいてその権力と領土請求権を全力で行使した。一五一二年四月一一日ジョヴァンニはラヴェンナの会戦で打ち負かされ、捕らえられてミラノに送られた。しかし、すぐ脱走に成功しローマに戻る。その大きな目的は、今やフィレンツェでメディチ家が再び勢力を取り戻すことであった。それは一五一二年に成功する。兄ジュリアーノと共に、一五一二年から彼は教皇に選出されるまでアルノ川の街を統治した。

ジョヴァンニの教皇への選出は素早く行われた。コンクラーベ（ラテン語で conclave＝鍵をかけられた部屋）、教皇を選出するために枢機卿たちは隔絶された集まりのことをそのように呼んだのだが、これは八日間続いただけであった。教会の世界では聖職を金で買うことを「聖職売買」(Simonie)と呼ぶが、今回は行われなかった。フィレンツェ人が選ばれるには、彼は政治的な経験が必要不可欠だと語った。選挙の際、彼は自称病気であり、介護されなければならず、手術が必要であった。彼を選んだ何人かはおそらく、いずれにせよジョヴァンニの統治は長くは続かないだろうと思っていた。二五人の枢機卿がコンクラーベに参加しただけであった。選挙の時三七歳のジョヴァンニは、まだ司祭ですらなく、ただの助祭であった。しかし選挙の四日後に彼は司祭叙階、そしてさらに二日後には司教叙階に授かった。一五一三年三月一九日には戴冠式が行われた。彼は初期中世時代の偉大な教皇に立ち戻りレオという名前を受け取った。おそらく彼もその名を気に入っていた。というのも自身を「獅子」(Löwe)として、その行動力と勇気とを証明したいと望んでいたからである。以前の教皇レオ、レオ九世は一一世紀に統治していた。四月一一日レオはサン・ピエトロ大聖堂からラテラノ宮殿までパレードを行った。ローマのサン・ジョヴァンニ教会の財産を手に入れるためである。彼の自意識とどこまでも世俗的な期待は、メディチ家の高位な公職とも結びついて、ヴェネツィアの使節により伝えられているが、もちろん確実なものではない引用とはいえ、そこに表れている。レオは選挙の後、兄弟にこう言ったと伝えられている。「教皇位を楽しもうではないか。神が与えてくれたのだから」。

エラスムスのみならず教会の多くの指導的な人物たちは、レオに大きな期待を抱いていた。中でも前任者の任期が戦争によって費やされてしまっていたからである。人々はユリウス二世に「おぞましいやつ」（Il Terribile）という異名を添えた。今やみなメディチ家の人間から平和、詩人、学者そして芸術家、さらにもちろん改革においても黄金時代を期待していたのである。これについては彼も枢機卿による選挙と関連して勝ち取った「選挙降伏」（Wahlkapitulation）の中で、選挙人と候補者との間での選挙を前にして結ばれた契約的な申し合わせで約束していた。しかし、こうした大きな期待は裏切られる。第五回ラテラノ公会議は前任者から開かれていた。すでに一五一二年より措置について審議していたが、一五一七年に実りなく終わった。一五一四年には教会禄の蓄積を制限するとか、教会管区と司教区民による教会会議を行うとか、司教区からの譲与を規制するとか、相応の人物のところにのみ大修道院は決定されるとか、といった改革措置は確かにあったのだが、教皇はこれらを変えることはなかった。

また長い間ルターもレオに関しては楽観的であり、遠くドイツの教会で起こっていることを教皇が知って賛同するなどとは思ってもみなかった。一五一八年初めルターは自身が書いた贖宥提題の解明、つまり『解説』（Resolutiones）において、今や人はレオについて「とてもよい教皇」を持ち、彼のことを「正直」で「博識」だと思っているとしている。一五一八年五月ルターはレオに手紙まで書いている。その中で彼は教会の権威を承認し、自分の教説について遜った判断を示している。なお一五二〇年一〇月ルターが実際すでに異端だとされた時にも、畏敬と謙遜の念にあふれた言葉を、公開書簡――戦略的には一五二〇年九月六日にさかのぼった日付で出されている――の中でレオに向けて差し出している。これは自著『キリスト者の自由について』の前置きである。とはいうもののルターは当時すでに、この教皇が「ヨハネの手紙一」二章一八節や「ヨハネの手紙二」七節などで告知されている反キリストであり、教会を内部から滅ぼそうとしている教皇だという疑念を抱いており、それは彼の中で確信へと強まるのであった。

政治的にもレオ一〇世は前任者ユリウス二世よりも不成功であった。ユリウスと同様にレオもハプスブルクならびにフランスの影響をイタリアから排除しようとし、教皇の力を強化しようとした。しかしパルマとピアチェンツァを、一五一五年フランス王フランソワ一世に譲らなければならなかった。一五一六年には危うく陰謀の犠牲となるところであった。背景にはシエナにおける収束しがたい議論への政治的な介入があった。黒幕である枢機卿は逮捕され、投獄され、断罪され、処刑された。

一五一九年ドイツで帝位後継を手に入れようと努力した時、レオはまず選帝侯フリードリヒ三世を擁護し、後にかつての軍事的なライバルであるフランソワ一世を擁護した。というのもハプスブルク家の世界的勢力を通じ、ハプスブルク家の選挙と繋がって自身の教会国家が包囲されるのを避けたかったからである。しかし新しく選ばれた皇帝と共に一五二一年、今度は向きを変えて新たにフランスに対抗し、ミラノを征服した。

生涯レオは芸術と建築に専心した。彼は学者や詩人、もちろんラファエロやミケランジェロのような芸術家を支援した。教皇としての彼の最大のプロジェクトはサン・ピエトロ大聖堂の新築を推進することであった。レオの直の前任者であるユリウス二世は一五〇六年この教会の礎石を置いたが、新築の資金繰りのために「完全贖宥」(Plenarablass) を公示していた。建築プロジェクトに関するその都度の資金繰りの機会に参加する者はみな、すべてのこの世の罪の罰を完全に免除されることが約束された。公示は期間限定で、地域も限られていた。ゆえに何度も新しくされ、違う形で具体化された。レオは一五一五年贖宥の公示をさらに八年に延期し、それをマグデブルクとマインツの二つのドイツ司教区に伝えた。そこで教皇が、もちろん自身で贖宥状販売の面倒をみたというのではなく、この贖宥のための総括代理人として、大司教アルブレヒトが定められたのであった。彼は二つの司教区の教会長であった。これは教皇が大司教に対して相互に差し出した取引商売であった。すなわちアルブレヒトは一万ドゥカーテンの料金を教皇に対して支払わなければならなかったが、彼は新しい大司教区であるマインツと、それまでの司教区マグデブルクならびにハルバーシュタットを保持することが許されたのである。ゆえに一五一四年の意図に反してレオは、新しくとびきり上等の教会禄の集積を許可した。これによって資金を調達できるようにするために、アルブレヒトは贖宥の「商品化」という措置をとる。というのも彼はその時調達していた金の半分を保持できたからである。宗教改革は贖宥売買と教会新築を頓挫させたが、阻むことはできなかった。教会がこの非常な局面を終える時まで、それは二〇〇年間続くはずであった。ルターは提題の中で挑発的な問いを立てた。一体なぜ教皇はサン・ピエトロ大聖堂を「貧しい信徒たち」(armer Glaubender)からの金で建てるのか。どうして自分自身の金で建てないのか。というのもその財産は「最も豊かなクラッススス」(提題八六)よりも多いというのに。ローマの執政官であるマルクス・リキニウス・クラッススは「金持ち」の異名でキリスト以前一世紀最も裕福な男として知られていて、その金の力によって政治に影響を及ぼしていたのであった。

加えて一五二〇年、レオは全タルムードの出版を教皇として初めて許可した。聖書に続くユダヤ教の伝統をまとめたタルムードは、ユダヤ人の宗教的生活の基礎であり、その存在はキリスト者に知られていた。しかし、それはキリスト教的な見方からするとイエスならびにマリアへの誹謗が含まれていて表向きにも聖書と矛盾しているため、中世の多くの神学者や教皇は最も好んでタルムードを集めて回り、そして燃やしたのであった。すでに述べたように、ついにはプフェッファコーンとケルンのドミニコ会士はタルムードを抹殺することに賛成した。しかしレオはこれを世間に知らしめた。プラートのフェーリクス（Felix Pratensis）の応答により、タルムードはもちろんキリスト教の注解と共に出版されなければならなかった。これは名目上、反キリスト教的な章句を反駁するのに役立つとされた。フェーリクスはプフェッファコーンと同じく元ユダヤ教徒であり、アウグスティヌス隠修士として生活していた。ところが一五五九年、ローマはタルムードを禁書目録に入れることになる。

レオは東洋言語のための学校も設けた。そのために彼はドミニコ会士サンテス・パグニヌスをルッカから招いた。彼は指導的なヘブライ語学者で、ヘブライ語とならんでアラビア語にも通じていた。彼はルターやツヴィングリと同様へブライ語の聖書に取り組み、それらを新しく原本から、もちろんラテン語に訳したのであった。これと関連したウルガタへの間接的な批判によって、彼はエラスムスやルターそしてツヴィングリと同じように猛烈な批判にさらされた。

レオの道徳的な品行に対する抗議は何もなかった、ということは積極的に言及されねばならない。何世代もの間そうではなかったのだから。イノケンティウス八世（一四八四―九二年）

にはたくさんの子どもがいて、それについて本人も公に認めていた。ヴァティカンで彼は子どもと孫の結婚式を行っていた。アレクサンデル六世（一四九二―一五〇三年）には少なくとも九人の子どもがいた。しかも異なる女性との間に。さらに子どもには侯国を得させようと狙ってさえいた。彼のある娘は教皇庁の宮殿を管理していた。ルターの批判に突き動かされて、一五一八年その大勅書「クム・ポストクアム」を通じて、贖宥に関する教会の教えの喫緊に必要な説明に貢献し、誤解を除去するきっかけを作ったことも、レオの業績として積極的に言及される必要がある。

最初からルターはレオに見くびられていた。事態は宥和と脅迫によってコントロールできると思っていたのである。一五一八年二月、彼はアウグスティヌス隠修士会の指導者にルターを「落ち着かせる」ように求めた。秋には仲裁のために枢機卿カエタンをアウクスブルクに、外交官カール・フォン・ミルティッツをトルガウに送った。まずは事態の重要さを知っていたエックの促しにより、二つの教皇大勅書がルターに対して出されることになる。ルターと共に教皇座は一五二〇年、人文学者ロイヒリンの『眼鏡』にも有罪判決を下した。

レオ一〇世はさまざまな点で宗教改革に対する共同責任を負っている。彼が決定的な勝利を体験することはもはやなかった。一五二一年一二月一日治りにくい発熱によって死んだ時、まだ彼は、ヴィッテンベルク出の異端の修道士がすぐに火の中に投じられるだろうと信じることができた。ルターは数か月来跡形なく消え去っていたが、もし彼がすでに死んでいなければの話である。ところが死んだと言われていた男は明らかに長く生き延びた。後継者は、レオがルターにしでかしたことの後始末をしなければならなかった。今日のカトリックの教皇史記述者はレオの任期を「教会史における最も命取りのものの一つ」として記している（Georg Schwaiger, LThK3 6, 1997/2006, 826）。サンタ・マリア・ソプラ・ミネルヴァ教会にレオ一〇世は眠っている。当然のことレオは聖別されていない。

アウトサイダー

宗教改革はそれ自体が分裂し、結局さまざまな宗教改革が現れることになった。ルターとツヴィングリは決裂し、洗礼派はヴィッテンベルクだけでなくチューリヒとも争った。フープマイヤーはルターとツヴィングリを支持する先例であったが、過激化し、独自の宗教改革の道を歩み、薪山で火炙りにされアウトサイダー〔逸脱者〕として終わった。匹敵しうる人物は大勢いた。彼らは急進派宗教改革者あるいは宗教改革の右翼派と呼ばれた。というのも彼らはルター、メランヒトン、ブツァー、ツヴィングリそしてカルヴァンよりも徹底的に、教会の誤りを根こそぎにするという要求を掲げていたからであり、ルター、メランヒトン、ブツァー、ツヴィングリそしてカルヴァンよりも宗教改革による社会的変革という目標を追求していたからである。

ウルリヒ・フォン・フッテン

人文主義者として騎士ウルリヒ・フォン・フッテンは宗教改革の開拓者に数えられる。ルターの影響の下で彼は宗教改革の支援者および宣伝者となった。過去の権力に対して武力をもって戦うというその用意は、結果として誰も彼とは関わりたくないというようになり、フッテンをアウトサイダーにしてしまった。とはいうものの、ともかく第一にフッテンはラテン語作家であり詩人であった。この分野において彼には生来の才能があった。

ウルリヒ・フォン・フッテンは一四八八年四月二一日シュルヒテルン近郊の、今日では廃墟としてただ保存されているレーンブルク・シュテッケルベルクで生まれた。長男であったにもかかわらず体格が貧弱で虚弱な体質であったため、父の意志に従って修道士となり、そして後に帝国騎士の出にふさわしく大修道院長となるはずであった。一四九九年からウルリヒは、フルダのベネディクト会修道院で過ごし学ぶことになる。その名はツヴィングリのようであるが、フルドリヒを矛盾なく変化させたというわけではない。一五〇三年ルターと同じ大学であるエアフルトで勉学を開始し、そこでルターよりもさらに鮮明に人文主義を刻印された。同時期に基礎学習を終えた二人がエアフルトで出会っていたということは推測に難くはないであろう。フッテンの人文主義仲間であるドルンハイムのヨハン・イェーガーのことをルターはよく知っていた。彼はクロトゥス・ルベアヌスと名乗っていた。

一五〇五年ルターが法学の勉強を中止して修道士になった時、フッテンもまたそれまでの人生から決別する。勉強も修道士としての生活もやめてドイツ中を旅行する。彼はケルン、ライプツィヒ、グライフスヴァルトそしてヴィッテンベルクを訪ね、ついでにフランクフルト・アン・デア・オーダーでは、さらに最も下位の大学学位である学芸学士を取得する。これは今日のドイツでも再び「バチェラー・オブ・アーツ」として教育制度への入り口となっている。それからフッテンはイタリアに赴き、パヴィアとボローニャで法学の勉強をするが、皇帝側の君主に与し、皇帝側に立ってフランスと戦った。一五一〇年と一五一一年に彼は初めて書物を世に問うと、すぐに傑出したラテン語詩人と見なされた。落ち着くことなくさらに移動してヴィーンを訪ね、そこでザンクト・ガレン出身の人文主義者ヨアヒム・フォン・ヴァット、通称ヴァディアンと知り合う。一五一四年にはマインツに留まりエラスムスと接触する。エラスムスはフッテンにイタリアの人文主義者たちとのコンタクトを仲介する推薦状を渡した。校訂新約聖書の中でエラスムスはフッテンのことを正当と認めて言及している。ロイヒリンもフッテンと知り合いになった。ロイヒリン支持者たちの私闘でフッテンはすぐに味方し、友人であるクロトゥスと共に『蒙昧者たちの書簡』の主要著者となった。しかしエラスムスとの良好な関係は悪化し始める。というのも『書簡』の中で彼の名が何度も発せられ、たとえケルンのドミニコ会修道士の口からとはいえ、エラスムスに関する否定的な発言がなされていたからである。

一五一六年のはじめフッテンは数か月の間ローマに行く。聖なる街で受難節を体験し、一五一〇年のルターと同様、そこで教会の代表者たちへの劣悪な印象を得る。教会の高位顕職にある人々自身が、受難節に実施されている断食の戒律をしばしば蔑ろにしていることが目についた。一方で彼自身は、形式上正しく多くの金を払っていわゆるブッターブリーフ〔肉食を断つ四旬節中のバター食用許可証〕を買っていた。これは断食義務順守から解放する教会による証明であった。フッテンは堕落を耳にし、イースターでの教皇の派手なパレードも気に入らなかった。「聖なる外見の下で彼らは野蛮な欲望に耽っている」と当時の様子を歌い、その詩を友人であるクロトゥスに送っている。街が古代に所有していた優れた特質について、それを彼はもはやどこにも見出すことはできなかった。「君が求めるローマ的なるものを君はもはやローマには見出さない」。こうした経験の帰結として教会に対するフッテンの批判は鋭さを増した。

ところがフッテンは当時イタリアで自らも邪道に陥っていた。ヴィテルボーの宿屋で、詳細は不明の状況だがフランス人を刺殺してしまい、逃亡せざるをえなくなったのである。それは彼が他の殺人者についてペンをとっていたのと同じ時期であった。一五一五年から一五一九年の間に彼は、印刷された演説の中で五回ウルリヒ・フォン・ヴュルテンベルク公を告訴した。彼はテューービンゲン近郊のシェーンブーフで一五一五年厩舎長であるハンス・フォン・フッテンを殺害したのだが、これはウルリヒ・フォン・フッテンの親戚であり、その妻をこの人物は求めたのである。他の事件の結果として皇帝はヴュルテンブルクのウルリヒ公に国外追放の決定を下し、彼は一五二〇年に逃走せざるをえなくなった。フッテンはヴュルテンベルクの運命に関与することになったが、そのおかげで図らずもヴュルテンベルクでの宗教改革の開拓者となった。というのもヴュルテンベルク公はアルザスに行き、そこでバーゼルとチューリヒの宗教改革の影響を受けたからである。一五三四年に彼が自分の公国を奪還した時、彼はすぐに宗教改革を導入したのであった。

ウルリヒ・フォン・フッテンは楽観的であり、生きる喜びに溢れていた。彼の文学的で詩的な創作は共感を得た。一五一七年、皇帝から古いしきたりに従って桂冠詩人とされた。彼は前向きで幸福な未来を信じていた。過去の力は消滅していくように見えた。このような典型的な人文主義的生の感情は、フッテンが一五一八年最も親しい人文主義者に宛てた手紙の中の言葉に表れている。「おお、この世紀よ、学問よ！　生きる喜び。学問は花咲き、精神は活動する。野蛮、お前は首をくくり、追放の覚悟を決めよ！」しかしドイツの歴史と彼の個人的な人生史は、フッテンがその時考えていたのとは違う経緯をたどることになる。

一五一九年フッテンはルターに関心を抱く。それは一五一八年のヴィッテンベルクでのルターの対決は「修道士の口論」に過ぎないとして真面目に受け取られず片づけられていた後である。きっかけはライプツィヒ討論と教皇制に対するルターの批判であった。二人は手紙を交わした。フッテンは当時いつもマインツに滞在していたが、選帝侯でありルターの贖宥論争の主な対決者である大司教アルブレヒトのところで宮内官職にあった。そこで彼はアルブレヒトに宛てたエラスムスの手紙を入手する。その中でエラスムスはルターを擁護していた。フッテンはこれを印刷に回した。一五二〇年五月フッテンは堂々とルターに味方した。フッテンはマインツの選帝侯の側近の中で唯一のルター信奉者ではなかった。一五二〇年から二三年までそこでは人文主義者のカピトが活躍していた。彼は一五一八年バーゼルでルターによる著作の最初の収集に尽力する。カピトはそこで大聖堂説教者であり教授であった。

重要な点でフッテンはルターと宗教改革史に影響を及ぼした。彼はルターに古い記録に基づいた教皇の主張、すなわちコンスタンティヌス大帝が四世紀に極めて個人的に教皇から要求された強大な権力を付与したというのが誤りであり、勝手な捏造であったということに関する知識を伝えたのである。「コンスタンティヌスの寄進状」と称される記録は、すでに一五世紀イタリアの人文学者ロレンツォ・ヴァッラにより初期中世に作成された偽書であることが証明されていた。フッテンはヴァッラの著作をイタリアで発見し、一五一七年に出版したのである。一五二〇年初頭ルターはフッテンによるヴァッラ版を驚愕しながら読んだ。この中で彼は教皇の座に反キリストが座っているという疑念を強めていった。しばらく後にルターは皇帝、王や諸侯にローマに対して武力で侵攻することを求めた。しかしルターが武力を想定することから再び速やかに別れを告げる一方で、フッテンにとっては現実味を帯びたものとなっていた。この騎士はオランダのエラスムスを訪ね、彼にローマ教会に対する戦いとドイツ国家のプロジェクトのための計画を提示し説明した。だがエラスムスは拒絶した。

一五二〇年フッテンはマインツの選帝侯から罷免され、他の帝国騎士で宗教改革支持者であるプファルツのフランツ・フォン・ジッキンゲンのところに庇護を求めた。一五二〇年九月初め彼はプファルツのエベルンベルクに立ち入る。数か月後そこにブツァーも現れた。ルターには一五二〇年同様、二回ジッキンゲンのところから庇護の申し出が出されている。ドイツの諸侯に宛てられたローマに関する「訴状」によってフッテンは、宗教改革の事柄とドイツの利益に奉仕したいと試みた。一五二〇年九月彼はザクセンのフリードリヒ公に依頼して行動に出るように要求した。ローマにとってフッテンは危険なルター信奉者であった。ゆえに彼には一五二〇年から二一年にルターと同様の運命が生じることになる。破門状はルターの傍らで彼の名前と、さらにルターの信奉者たちを挙げていた。エベルンブルクからフッテンはもう一度エラスムスに依頼して、こう促した。「逃げよ、エラスムス、逃げよ！　君ははじめて自由への精神を覚醒させた」。人文学者〔エラスムス〕にはジッキンゲンのところで避難所もあるとの申し出もなされた。

フッテンは盗賊騎士のスタイルで古い教会ならびにその同盟に対して戦うことを決心した。彼は一五二〇年に出されたルターの『ドイツのキリスト者貴族に宛てて』によって勇気づけられたように感じることができた。これはフッテンのような貴族階級の人々にキリスト者として共にキリスト者である者のために教会の変革を引き受ける責任を要求するものであった。彼と同じような身分の人々と民衆に対して彼は呼びかけた。「立ち上がれ、貴族階級のあなたたち、立ち上がれ、あなたたち農民よ！　あなたたちの主人を突き落とせ！」。一五二二年フッテンはトリーアでの闘争に参加した。これはフランツ・フォン・ジッキンゲンによるトリーアの大司教に対する政治的運動であり、彼は古い教会の転落と新しい教会の建設にルターの考えをもって役立とうとしていた。「坊主戦争」(Pfaffenkrieg) は騎士の敗北で終わり、フッテンは遠方を訪ねざるをえなくなる。彼はバーゼルに行き、エラスムスと連絡を取ったが、エラスムスはあけすけに辛辣に拒絶した。それは一一月の終わりで暖房が必要な季節であった。エラスムスはフッテンに知らせた。というのもエラスムスは暖かさに耐えられず会うことはできない、と。しかしフッテンは持病のゆえに――彼は青年期より梅毒を患っていた――暖房が必要であった。フッテンは近くのミュルーズに行く。そこでエラスムスとのかつての友好関係は、エラスムスが手紙を送った時に二度目の打撃を受けることになる。それは確かにブールジュのラウリヌスに宛てたもので、フッテンの耳には「教皇派」を前にして降伏のように響いたのであった。というのもエラスムスは平和と一致を支持し、ルターを激しく批判したからである。完全に失望したフッテンは今やこの学者に対して論難書を著し、決着をつけた。彼はエラスムスを屑の裏切り者と咎めた。テキストは最初ただ手書きが出回っていただけであった。フッテンの死の後にようやく『異議』(Expostulatio) は印刷され、エラスムスが反論書を著すきっかけとなる。

バーゼルで泊まるところがなくなった後、フッテンはチューリヒに向かった。ツヴィングリは彼を追い返すことはせず、チューリヒ湖の島ウーフェナウに隠れ家を仲介した。そこにはヨハンネス・クラーラーという医術に通じた牧師が生活していて、梅毒患者の心についても医術においても尽力してくれた。フッテンは孤独に貧しいまま一五二三年八月二九日に死んだ。彼の墓は一九五八年に再び発見され、一年後に記念碑が据えられた。すでに以前、一九世紀ドイツのプロテスタンティズムは追放されたアウトサイダーを再発見していた。人は彼をその国民的かつ自由な野心のゆえに評価した。

「暴君」への戦いは最後までフッテンの関心事であった。死の数週間前に彼は『暴政における論考』(Tractatus in tyrannos) を著すが、もはや印刷されることはなく、その断片だけが残っている。

トーマス・ミュンツァー

宗教改革のアウトサイダーの中で最も知られていたし、また今でも知られているのはトーマス・ミュンツァー (Müntzer あるいは Münzer) である。彼も人文主義者であり、ルターの支持者であったが、権力をつかもうとした。フッテンとは異なり彼は平穏には死ねなかった。フープマイヤー、ツヴィングリそしてセルヴェトゥスと同じく強制的死を迎えたのである。

ミュンツァーはハルツのシュトルベルクの出で、おそらく一四八九年一二月二〇日あるいは二一日に生まれた。彼はクウェドリンブルクのラテン語学校に通い、その後ライプツィヒ大学、そして最後はフランクフルト大学（アン・デア・オーダー）に通う。修士を修了し、神学の勉強を始め、まずは大学での神学学位、バカラウレウス・ビブリクスを取得した。ツヴィングリに似て、そのさらなる人生行路は哲学的かつ神学的な関心へ、次いで実践へと導かれていく。一五一四年ハルバーシュタット教区の司祭となり、女子修道院、アシャースレーベンの立誓共唱共住会修道女会フローゼの面倒をみた。人文主義者として名字のラテン語形であるモネタリウス（Monetarius）を用いた。

一五一七年秋ミュンツァーはヴィッテンベルクに滞在し、現地でルターの提題が公表されるのを体験した。一五一九年までヴィッテンベルクに滞在して学問的研究を進め、ルターとメランヒトンとも個人的に知り合いとなる。ヴィッテンベルクの金細工師でルター支持者のクリスティアン・デーリンクが彼に一五一九年はじめ、近くにあるユーターボークの牧師職代理を仲介し、そこで彼は宗教改革の考え方に沿って説教を開始し、地域のフランシスコ派による敬虔と生活様式を批判した。その結果として一五一九年五月「マルティン博士の教派」（secta eiusdem doctris, scil. D. Martini）の支持者として罵倒されることになる。これがルター支持者に対して党派的な名称が与えられた最初である。ミュンツァーのユーターボークでの説教は目立つもので、ヴィッテンベルクの人々のものよりもトーンにおいても内容においても凌駕した強力な教会批判となっていた。福音はいわば三〇〇年あるいは四〇〇年来「ベンチの下」に隠されてきたのであり、スコラ学の神学者たちペトルス・ロンバルドゥス、ボナヴェントゥラそしてトマス・アクィナスがこれを握ってきた、と彼は主張した。さらに在職する司教たちを、自分自身のことだけを心配し、有益なことは何一つ行わない暴君と呼んだ。教皇には五年に渡って公会議を招集するように求め、公会議は教皇の意志に反してでも招集されうると説いた。教皇は司教たちが認めている限りにおいてのみ教会の頭である、と。注目すべきは、一五一九年ミュンツァーがすでに将来、殉教者になるのを覚悟していたことである。彼はユーターボークの教区民たちに、こう説いていた。福音を再び取り出してきて、教会による民衆のたらし込みを終わらせるには数多くの人命が必要となるであろう、と。ほんの数か月だけミュンツァーはユーターボークに滞在し、それからヴィッテンベルクを介してオルラミュンデに向かった。一五一九年夏にはライプツィヒ討論に出かけた。

一時的にミュンツァーはもう一度修道女たちの世話をしたが、それは詳しくはヴァイセンフェルスの近くのシトー会修道女の修道院ボイディッツであった。彼は集中してキリスト教神秘主義の文献ならびに教会史に取り組むために時間を用いた。さらに多くの宗教改革者たちと同じように集中的に教父アウグスティヌスを研究した。一五二〇年もう一度ルターは彼に職を紹介するが、今度は領邦の南にあるツヴィカウであった。ミュンツァーはそこでも宗教改革の意向に沿って活動しようとし、新たにフランシスコ派と戦った。彼は支持者も見出したが、反対者も見出した。織物業者の武装蜂起さえそそのかした。その街を分裂させる活動のゆえに、市参事会は一五二一年四月彼を罷免した。失敗であったにもかかわらず、ミュンツァーの自意識はツヴィカウでの経験を通じて成長した。ツヴィカウでの彼の支持者は、彼を聖書の言葉でいう（「イザヤ書」四二章一節）「神の僕」と呼んだ。しばらく後に彼は自分のことを「神に選ばれた僕」と名付ける。

ミュンツァーはさらに南へと移り、プラハに行き着く。そこでも抵抗に遭い、長くは留まれなかった。それでも一五二一年秋、自身の神学の基本的特質を明らかにした文書を著し、『プラハ宣言』と名付けた。彼の思考の中では急激な反教会主義が、深い神秘主義的思想と強度の終末的な期待と結びついていた。彼は在職する司祭の正当性を疑った。というのも彼らは神の生きた声を聞き取らず、そのことによって彼らに信頼を寄せる人間に神の声を聞くように配慮することができないためである。ミュンツァーにとって信仰は、神の言葉が「魂の深淵で」(im Abgrund der Seele) 生まれる時、すなわち人間の内奥に強く根づく時にのみ成立してくる。中世の神秘主義者にとってと同じく信仰はミュンツァーにとって苦悩に満ちた過程であり、その中で人間は被造物的な依存性と欲望とを洗い清める。それは、ある意味で修道院でのルターの信仰をめぐる戦いを想起させる。『プラハ宣言』の中でミュンツァーはすでに明確に使徒的な使命感を示し、自らを神の道具と見なしていた。それに加えて彼は、帝国を脅かすトルコ人の中に堕落したキリスト教界への神の罰の執行人を見出していた。

一五二一年一二月ミュンツァーはプラハから戻り、一五二一年から二二年のヴィッテンベルクでの騒然とした冬の数週間を過ごすことになるが、共に騒乱を体験する。これはルターがヴァルトブルクに滞在していたために引き起こされたものであった。一五二二年三月終わりミュンツァーは、おそらくまだヴィッテンベルクにいて、メランヒトンに宛てて長い手紙を書いている。その中でヴィッテンベルク神学のローマに対する戦いの成果、とりわけ独身制に反対する明確な意思表示を称賛しているが、しかし同時に彼の見方からすればヴィッテンベルクの人々による「肉的な」結婚観を批判し、生きた使徒的な神の言葉を知らない、と彼らを非難している。これによって聖化は妨げられている。さらに礼拝の改革でも一貫してはおらず、この根源的で使徒的な形態へと回帰してはいない、と。弱者に対してヴィッテンベルクで行われている配慮は誤りである、とミュンツァーは言う。また諸侯にも配慮する必要はない、と。「キリスト者メランヒトン」（Christiano homini Philippo Melanchthoni）に宛てた手紙にミュンツァーは「キリストの使者」（nuntius Christi）と署名している。

ノルトハウゼンとハレで途中滞在し不安定な時を過ごした後、一五二三年ミュンツァーはもう一度定職を見出すが、より詳しくはザクセン選帝侯のアルシュテットでの司祭であった。もちろん彼はここでも宗教改革を現実化しようとし、今回は成果をあげた。全住民は多かれ少なかれまとまって彼の側についた。アルシュテットでは実践的な改革が敢行された。それは同時にチューリヒでもそうであったが、まだヴィッテンベルクでは行われていなかった。ミュンツァーは礼拝を近代化し、典礼をドイツ語で行った。有名なラテン語讃美歌を翻訳し、全員で歌うことを礼拝の構成要素とした。後になってルターはこれに倣ったのである。ミュンツァーは新しい信仰を守るための結束を築き、それに街の参事会も従った。さらに彼はアルシュテットで数多くの著作を公にしたが、その中で宗教改革の理念と神秘主義の伝統を結合しようと試み、これを土台としてルターと彼の臆病さを批判し始めていた。彼自身の生活にも変化が訪れた。ミュンツァーはかつて修道女であり貴族のオッティーリエ・フォン・ゲルゼンと結婚したのである。

新たな転回点になったのは「御前説教」(Fürstenpredigt) であった。これはミュンツァーにより一五二四年七月一三日にヨハン大公とその息子ヨハン・フリードリヒを前に、アルシュテットの城で行われた。両者とも後に選帝侯国の元首となり、いずれにせよさらに高位の支配者となった。自らを新しいダニエルとして彼は姿を現し、当局を自分の意に沿った急進的な宗教改革の味方につけようと試みた。それには「不信仰者」(Gottlosen) を抹殺することも含まれ、さもなければ彼らを神の罰を予告して脅かすものであった。それにしてもルターは、ますます心配しながら展開を見つつ「ザクセン侯への手紙」で、たとえいかにかつての友であり、共働宗教改革者 (Mitreformator) と呼んだことがあったにせよ、この「扇動的な霊」のことを警告せざるをえなかった。ルターはミュンツァーの活動の中に宗教改革を無に帰せしめようとする悪魔の新しい試みを見出していたのである。ルターの介入は効果を示した。アルシュテットの人々はミュンツァーを追放する。一五二四年八月七日ヴァイマールで尋問され、その後で逃亡した。この使徒はアルシュテットを放棄し、ウンストルートのほとりにある帝国都市ミュールハウゼンが位置する西方に向きを変えた。

ミュールハウゼンではすでに一年前から、かつて修道士であったハインリヒ・プファイファーが社会革命的な運動を準備していた。ミュンツァーは彼に従った。一五二四年九月に一一の『ミュールハウゼン条項』が提示されたが、それは都市の関係を改造することを指導しようとするものであった。市参事会では敬虔な信徒のみが構成員であるべきであり、街での生活は神の戒めと正しさによって、聖書に則して秩序づけられねばならない。しかし反対派が街では優位となったので、ミュンツァーとプファイファーは逃亡しなければならなくなった。ミュンツァーのさらなる逗留地はニュルンベルクとバーゼルであった。ヴァルツフートで彼はフープマイヤーと出会う。一五二五年二月彼はミュールハウゼンに戻り、そこで牧師職が提供された。それまでの参事会は解任され、新しい人々が選ばれたのだが、そこにミュンツァーも属していたのである。街は民主的―神政的な理解を得ることになる。

南ドイツに滞在している間にミュンツァーは、ルターに対して『霊を失い、大人しく生きるヴィッテンベルクの肉』を著し、ルターによって教えられた「誤った信仰」の「除去」に尽力した。ミュンツァーの見方からすればルターは宗教改革を見捨てたのであり、教皇の教会と何ら変わるところはなかったのである。

ミュンツァーのさらなる運命は農民戦争との結びつきの中にある。一五二四年南西ドイツで農民たちの暴動が始まった。これは一五二五年にはドイツのさまざまな地域に広がった。反乱した人々は自らを宗教改革運動の一部と見なし、ルターによって一五二〇年に貴族に宛てた書物の中で展開された社会変革的なプログラムと、また当時同じようにルターによって流布された自由のスローガンを引き合いに出した。彼らは農奴の廃止、共同体による牧師の選択、福音的な説教と十分の一税の新しい規定を求めていた。こうした要求は、聖書的な根拠と共に宗教改革の原理に沿って、一五二五年三月『一二条項』の中に計画的にまとめられ、さらに広く知られるところとなった。

ミュンツァーは一五二四年から二五年に南ドイツに逗留していた際に反乱した人々と接触し、再びミュールハウゼンにいた時には、この運動はアイヒスフェルトにも達していた。ミュンツァーはもはやトルコ人の中だけにではなく、農民たちの中にも神の道具を見出し、小さな群れをなして彼らをミュールハウゼン市民の助けを求めるように急き立て、事態に介入した。彼らは自分たちがその中にいると思い込んだ神の同盟のしるしとして、虹の旗に共感する。フランケンハウゼンで農民たちはミュンツァーを自分たちの指導者だとした。彼は何回か陣営で説教をし、虹色の空に急に大気が溢れる現象を、おそらくは太陽の暈《かさ》であるが、それを彼らの同盟のしるしと関連づけ、神的な助力の約束だと解釈した。メランヒトンは当時こう述べていた。

「ミュンツァーが成功するなら、私たちはもう終わりだ」。彼は農民の指導者を、はばかることなく、嫌われ者の支持者を「スキタイの残酷さ以上に」処刑してしまうよう、非難したのであった。

これは甚大な戦闘となった。カトリックと福音派による諸侯——ザクセンとヘッセン——の軍隊が反乱した人々に対して共に戦った。ルターはもっとも個人的にではあるが、激烈な言葉で権力に呼びかけた。諸侯たちは今や流血を通じて安寧を手に入れることができる、と。この流血の惨事は一五二五年五月一五日フランケンハウゼンの北方にあるキフホイザーで生じた。ミュンツァーと共にいた農民たちは、粗末な武装と組織であったが、神の助けを頼みながら諸侯の軍隊によってすぐに打ちのめされ、引き続いて無慈悲に虐殺された。戦場には六千の死者が横たわっていた。〔一説によると〕ミュンツァーはうまく逃亡し、ミュールハウゼンで城壁沿いの家のベッドの下に身を隠したが発見され、拘束され、尋問され、剣で処刑された。一五二五年五月二七日ミュールハウゼンのゲルマーで彼は死んだ。その体と頭は突き刺されてミュールハウゼンの門の前に、リーゼニッヒの山の北の斜面の方にさらしものにされた。今日ではそこに東ドイツ時代に建てられた記念碑が立っている。ルターはこの出来事を後のツヴィングリの死と同様に「神の裁き」と見なし、ミュンツァーをもう一度軽蔑的に「凶悪で血に飢えた預言者」と呼んだ。

はるかフッテン以上にミュンツァーは福音派勢力の中で軽蔑されてきたが、恐れられてもきた。フッテンと同様、彼もまた一九世紀にルネサンス〔復興〕を体験し、封建的支配からドイツの民衆を解放するシンボル的な人物とされた。特に一九四九年から九〇年に東ドイツは彼を、マルクス的な批判に導かれた歴史記述によって評価した。彼らはルターを長い間「諸侯の下僕」と見なしてきた一方で、ミュンツァーを本来の、真の宗教改革者として称賛したのである。フランケンハウゼンの戦場には今日では記念碑が建てられ、ミュンツァーを偲んでいる。そして博物館は農民戦争と宗教改革が共に初期市民革命の一部であると捉えようとしている。画家のヴェルナー・テュプケは農民戦争と宗教改革の出来事を一八〇〇平方メートルの大きさの全面に渡るキャンバス〔三六〇度パノラマ〕に描いている。中央には黒で覆われた人物トーマス・ミュンツァーが立ち、降ろした旗をもって、物思わし気に、ほとんど少し悲し気に脇を見やっている。画家は戦場の雑踏の中にミュンツァーの最期の日時の現場が確証するものを統合したのである。黙示録的な説教者は自らの運命を担い、農民たちは神の罰だと自分たちの罪を理解し、神の正しい裁きだとして、その運命を受け入れたのであった。

女性たち

一六世紀は男性社会で、国家、教会、文化も経済も男性によって支配されていた。しかしさまざまな変化が起こり、宗教改革が女性たちの人生を変えた。もちろん改革において男性たちが従事しているレベルで、侯国の君主あるいは宗教改革文書の著者として行動した者は一部に過ぎなかったが、彼女たちは改革に貢献した。論争の現場と、その拠り所となる家庭において大きな役割を果たしたのだ。教会の通路で気に入らぬ特定の説教者を避け、他の者をひいきしたいような時にはグループを作り足並みをそろえて行動した。家庭での子どもの教育において福音的原則を実践し、彼らに恵み深い神を信頼し、聖人たちには嘆願しないように教えた。争いの現場で時には暴力を振るうこともあった。

宗教改革の出来事への女性たちの参加がどのように見られたのかを、この改革初期の素描が強烈に示している。日常のことはそっちのけで彼女らは聖職者たちを散々殴りつけ、手ひどく

図5　従来の教会に対する嫌悪：聖職者に暴力を振るう女性たち

扱い、その監督下にあった子どもたちは石を持って加勢した（図5）。宗教改革はすでにツヴィングリ、フッテン、ミュンツァーの章で見たように、言葉の上でだけの出来事ではなく、考えられているよりも頻繁に暴力沙汰となった。女性たちはこのような暴力的な対決においても主導的な役割を演じた。バーゼルで起きたことが一例として挙げられよう。

カタリーナ・フォン・ボラ

暴力なしに、しかしそれだけいっそう印象的にカタリーナ・フォン・ボラは宗教改革の出来事に参加した。彼女はルターの妻として、宗教改革期の女性たちの中で最も有名である。しかし、もしも彼女をヴィッテンベルクの改革者の妻としてのみ見るので

図６　修道院に対する論難：悪魔的修道女の人生-神的主婦の生活

あれば正しくない。彼女は宗教改革の支持者として自主的成長を遂げ、改革の成果に貢献した。

カタリーナ・フォン・ボラは一四九九年一月二九日、ライプツィヒ近くの領地リッペンドルフに生まれた。今日もはや残されていないが、褐炭鉱山で犠牲者が出た場所でもある。当時の多くの貴族たちがそうであったように一家は貧しく、その頃多くの貴族の娘たちがたどった修道院への道が、すでにカタリーナにも準備されていた。彼女はブレーナにあったアウグスティヌス派の聖務共唱修道女会に教育のため預けられ、後にニムシェンのマリエントゥローンにあったシトー派修道院に移った。そこで一五一五年、ルターが神の義に取り組んでいる頃に修道誓願を立て、その後の全生涯での清貧・貞潔・従順を約束した。修道院で貴族の娘たちは継続してよい扱いを受け、教育を受けることもできた。修道女であること、特に尊敬されるシトー派の一員であることは特権的な生き方で、すべての女性に開かれてはいなかった。大きな伝統ある修道会は貴族階級の者だけを迎え入れていた。

しかし宗教改革は、隔絶した女子修道院の門の前でさえ尻込みすることはなかった。ルターの著作は支持者たちによってこっそり修道院に運び込まれ、世俗生活を送る他の多くの女性たちとは異なって、ほとんどが識字能力を持っていた修道女たちに読まれた。一五二二年初頭ルターはヴァルトブルクで、まだ当時彼自身は修道士の身であったにもかかわらず、修道誓願に反対するセンセーションを引き起こした著作を公表した。ルターは生涯に渡る誓約による拘束、特別な貞潔の誓いを批判した。なぜなら彼は、神によって創造された人間の本性にそれらがふさわしいものではない、と考えたからである。女性は神の意志に従って子どもを得る。他の文書でルターは修道院を解散すべきである、とまで言い、修道院の建物は学校に転用することを求めた。彼は著作『結婚について』（一五二二年）の中で結婚生活は本当に少数の例外者は別として、大多数の人のためのものであると述べた。通常とは異なる小さな八折り版で印刷されたこの本は、ただちに完全に秘密裏に修道院へと運び込まれ隠された。

この使信はただ説教と著作によってだけではなく、図版によっても広まった。同時代の木版画が、女性に与えられた二つの生き方を対照的に描いている（図6）。都市の風景の前には主婦が、修道院教会の前には修道女がいる。二人は互いに向き合って立っている。修道女の頭には悪魔の竜が、主婦の頭には聖霊の象徴である鳩が止まっている。使信の内容は、こちらには神の御心にかなう主婦がおり、あちらには悪魔的な修道院生活がある、というものだ。一人の農夫が修道女に手紙を渡す。彼女は彼に「アヴェ・マリア（めでたし、マリア）」とあいさつし、祝福の身振りをしている。手紙は読者にこの修道女が堕落した状態にあることを説明し、彼女が修道院を去るように求めている。この木版画は一五二四年にニュルンベルクで、匿名の小冊子の表紙として印刷された。

新たな思想はニムシェンにも届いた。カタリーナ・フォン・ボラがそれまで常に修道院で不幸であったのか、それともルターの刺激を受けて初めて人生に不満を持つようになったのかは不明である。いずれにせよボラを含む一二人の修道女たちは示し合わせて逃亡を計画し、一五二三年イースターの夜を選んだ。四月五日から六日の夜にかけて商人に頼み、「空のニシンの樽に隠れて」〔これは現在、史実ではないとされている〕気づかれずに修道院から外に出た。この出来事は大きな注目を集めた。援助者はレオンハルト・コッペという名のトルガウの市参事会員であり、宗教改革支持者だった。

カタリーナ・フォン・ボラ自身は、一度も修道院を逃げ出した理由を語らなかった。他の逃亡修道女たち、フロレンティナ・フォン・オーバーヴァイマールとウルズラ・フォン・ミュンスターベルクは自らの行動について弁明書を作成した。フロレンティナは一五二四年にアイスレーベンの近く、ノイ・ヘルフタのシトー派修道院から、ウルズラは一五二八年にザクセン・フライブルクのブーセにあった聖マリア・マグダレーナ修道院から逃げた。彼女たちの弁明書をルターは印刷させた。これらの文書から、おそらくカタリーナ・フォン・ボラもそうであったであろう、詳しい様子を知ることができる。フロレンティナは六歳で修道院に入った。すでに一四歳の時に彼女は疑いを覚え、自分の意志に反して強制された誓いを捨てた。そして宗教改革文書を手にした。彼女はルターと接触を試み、それゆえに女子修道院長から暖房のない牢に四週間入れられるという罰を受けた。拘禁に加え体罰と、発話禁止が科せられた。監視役が独房にいるフロレンティナのことを忘れた時に、彼女は逃亡した。ウルズラは彼女の文書になぜ修道院逃亡を願ったのかについて、七つの理由を挙げている。まず彼女は福音主義の信仰義認を取り上げ、行いではなく信仰のみが永遠の生命に導くのだと言う。修道院生活と誓願は破滅へと導く。修道院では外的行いが求められ、しばしば強制があった。これに対し信仰を求める神の言葉について聞くことは、ごくまれにしかなかった。ウルズラにとってさらに重要な点は隣人愛の戒めだった。彼女は、修道院の中ではキリスト者に求められている隣人愛を実践するのは不可能だと言った。この二人の女性の経験と論証の背景は、修道院からの逃走を単に正当化するだけではなく、まさにそれが必要不可欠のものであったと思わせる。

逃走同様に援助することも罪とされ、カトリック側の当局領域内であれば罰せられた。カタリーナ・フォン・ボラと同行した修道女たちは、逃走後安全な場所を探さねばならず、多くはヴィッテンベルクを選んだ。そこで彼女たちはさまざまな家庭に預けられ、一時的に扶養された。この「逃走修道女」たちに何が起きただろうか？ 女性が街で、一人で生きて行くことは実際不可能だったので、彼女たちの扶養は問題にならざるを得なかった。かつての修道女たちは、受け入れてもらえる場合には家族のもとに戻るか、あるいは夫を見つけてもらわねばならなかった。

しばしば元修道女は、元修道士あるいは元司祭と結婚した。ブツァーとミュンツァーもそうだった。カタリーナ・フォン・ボラのためにも、ヴィッテンベルクで夫探しが行われた。ルターとメランヒトンも参加して、彼らの学生の中で誰かいないかと見渡した。若いニュルンベルク出身のヒエロニムス・バウムガルトナーが候補となり、彼もそれを受け入れたが、名望ある同市の上層市民だった両親に報告した時に話は立ち消えた。バウムガルトナーの両親は、逃亡修道女を息子の嫁にしたいとは思わなかった。修道院からの逃走が福音主義的心情においても、いかがわしく感じられたのである。ヴィッテンベルクでは、さらに相手探しが続けられた。オルラミュンデの老いた牧師の求婚は、カタリーナ・フォン・ボラに拒絶された。最終的に視線はルターに向かった。メランヒトンはすでに結婚していた。しぶしぶ彼は一五二〇年の終わりにヴィッテンベルク市民の娘と、急かされて婚姻関係を結んだのだった。ルターの友人たちの間では、結婚について説教し修道院の解消を求めていながら彼自身が結婚しないのは首尾一貫しないのではないか、という考えが広くあった。信頼できる記録によれば、ボラの側からルターとの結婚であれば考えられる、という打診があったようである。ルターは一五二五年春には結婚について全く何も考えていなかったが、このことをよく検討し、彼女を元々特に評価もせず高慢だと思っていたのだが、最終的にカタリーナ・フォン・ボラと結婚することに決めた。一五二五年六月一三日に婚姻関係が結ばれ、六月二七日に教会に行った後つつましやかに祝われた。もちろん新婚夫婦のために贈り物が与えられた。生涯独身の誓いを破った修道士と修道誓願を破った修道女に、他ならぬマインツ大司教アルブレヒトが二〇グルデンを与えた。明らかに彼は和解の希望を持ち、ルターとその支持者たちとの関係を断つことは望んでいなかった。ルターによれば、彼はこの金銭を持って来た使者をすげなく追い返したが、妻が階段のところで使者を待ち構えて捕まえ、かつての托鉢修道士の貧しい家計に差し迫って必要なものとして受け取った。

カタリーナ・フォン・ボラは六人の子を産み、かつて修道院だった建物で大人数の家政を取り仕切った。経済面資金面に関しては彼女だけが権限を持っていた。福音主義牧師夫人の理想像にして模範とされた。ルターは敬意を込めて彼女を「ケーテ氏」あるいは彼の「女主人」と呼んだ。彼女は一五二五年六月ただちに精力的に働き、ルターがその上にいつも眠り決して日に干すことのなかった藁布団を処分した。修道院内に小部屋を作らせ、収入を得るためそれを学生たちに貸し出した。ルターの給料は一五二五年九月にかなり増額されたが現金はほんの一部だけで、残りは燃料や建材にする木あるいはパンを焼きビールを醸造するための穀物だった。現物支給の材料を加工するのは妻の仕事だった。カタリーナ・フォン・ボラが醸造したビールは評判のよいものだった。家政はどんどん大きくなっていった。一五四二年にルター一家は若い豚八匹、子豚のいる雌豚二匹、雌牛五匹、子牛九匹、山羊一匹、子山羊二匹、さらに鳥と蜜蜂の群れを所有していた。市壁の外にボラは庭園と畑を買って効率的に耕作した。それに加えて彼女は一五四〇年に弟が手離した、一家の領地であったツュルスドルフを買い取った。経済と資金を取り仕切る必要から、ルターの著作の印刷さえも監視した。

夫を後顧の憂いなくさせたという以外に、ヴィッテンベルクの宗教改革に対して固有の貢献をボラが果たしたわけではない。彼女は常に裏方に徹していたし、日常生活への洞察や思想を伝えるような資料もまた、本当にわずかである。残されているのは手紙、卓上語録にある言葉と、彼女の肖像画である。ルターが妻に宛てた手紙は二一通現存しているが、妻が夫に宛てたものは、彼が旅に出た時には彼女もたびたび手紙を書いたにもかかわらず一通も残っていない。かつての修道女がヴィッテンベルクでさらに教養を得ようと努力した形跡はない。ルターは彼女に一五三五年、五〇グルデンの賭け金で聖書を定期的に読むように勧めている。にもかかわらずルターの敵たちは妻の指示によって彼が説教をしていると主張し、これは彼を大変怒らせた。

ルターが食卓に客と共に座り、語り、講義している際に彼女は時折同席し、質問しまた自分の考えを述べた。ルターがエラスムスの『反論』(Hyperaspistes)を朗読した時には、巧みな言い回しで「高潔な男性はヒキガエル〔意地悪いやつ〕にはならないのでしょうか？」と質問した。ここで彼女はおそらく、エラスムスのこの本のギリシャ語書名に隠された、夫ルターを「蛇」（ラテン語でaspis）としたことをほのめかし、間接的にヒキガエルなど飲み込んでしまえとけしかけた。資料によればカタリーナ・フォン・ボラは宗教的な問題についてよく考え、また多少はラテン語もできた。もっとも彼女の夫はボラをあまり長い間しゃべらせず、無遠慮にさえぎって仕切りなおした。しかしルターは妻とのやりとりでだけそうしたのではなく、学生や同僚にも同様だった。メランヒトンはルターの死後一度、自分は彼の近くにいて全く耐え難い奴隷のような状態を味わい尽くした、と述べている。

夫の死後、ルターが遺言で彼女を単独相続人に指名したにもかかわらず、ボラにとってつらい時期が来た。戦争が一家の住んでいた土地を荒廃させた。カタリーナ・フォン・ボラは困窮し、他の人々は彼女から息子たちを取り上げて後見人に養育させることを望んだ。ルターは文書ではっきりと彼女を息子たちの後見人に指定したが、それは当時の法に反するもので法律家たちは受け入れなかった。メランヒトンが息子たちの後見人に指名された。そしてさらに彼女はルターのかつての友人や賛美者から無視されるか、軽蔑すらされた。メランヒトンと共に、彼女は宗教改革の二つの戦争を生き抜いた。一五五二年に彼女は子どもたちを連れ、突然伝染病が流行し始めたヴィッテンベルクから逃げ出して、安全なトルガウに避難しようとした。その途中馬が暴れ、馬車が横転しそうになった。ボラは飛び降りその際に負傷した。彼女が回復することはなかった。一五五二年一二月二〇日トルガウで死に、ルターから遠く離れたこの地のマリア教会に葬られた。そこに今日も、追悼記念碑として寡婦の服装をした「ルターの妻」の全身彩色像がある。トルガウにある彼女が死んだ家は、記念して博物館となっている。

カタリーナ・フォン・ボラの子どもたちはそれぞれの道を歩み、誰一人として父親に倣おうとはしなかった。一五二六年に生まれたヨハンネス・ルターはプロイセン王国の役人になり、一五七五年にケーニヒスベルクで死んだ。父親にちなんで名付けられた一五三一年生まれのマルティン・ルターは神学者になったが、ただの私講師として働き一五六五年にヴィッテンベルクで死んだ。一五三三年生まれのパウル・ルターは医者になり、一五九三年にライプツィヒで死んだ。ただ一人生き延びた一五三四年生まれの娘、マルガレーテはプロイセンの大地主と結婚して一五七〇年に死んだ。かつてアウグスティヌス隠修士会修道院であったルター一家の住居は一五六五年相続人によって売却され、以後は大学が使用している。一家の住んでいた狭い側翼部は多少なりとも当時の様子を保ち、記念の場所となっている。一八八三年にこの建物は「ルター会館」と名付けられ、宗教改革歴史博物館が開館した。二〇〇三年建物が基礎から再建された時から「ルターハウス」と呼ばれている。ルターハウスの前には数年前から、「女博士」が住まいに向かって急ぐ姿の等身大像が立っている。彼女がずっと夫の影に立っていた後、一九九九年彼女の生誕五〇〇年を機会に、カタリーナ・フォン・ボラ記念祭が始めて盛大に祝われた。

カタリーナ・ツェル

カタリーナ・フォン・ボラは改革者の妻であって改革者ではなかった。宗教改革の時代、宗教改革者と呼ぶことができるであろう唯一の女性が、シュトラスブルクのカタリーナ・ツェルであった。いずれにせよ彼女は宗教改革期の俗人神学者で、宗教改革神学にカタリーナ・フォン・ボラとは違った貢献を果たした。彼女を宗教改革期の最も優れた女性として見るべき理由は数多くある。

カタリーナ・ツェルは一四九七年あるいは九八年に、カタリーナ・シュッツとして生まれた。彼女は職人の娘でシュトラスブルクの学校に通うことができたが、当時それは女性にとってどこでも可能なことではなかったし、ほとんどの両親は望みもしなかった。女性の教育の機会は、その他には修道院にしかなかったのである。

シュトラスブルクでカタリーナ・シュッツは、すでに娘時代に強烈な宗教的影響を受けた。当時最も有名な説教者の一人であり、教会の刷新のために大変尽力した、カイザースベルク出身のヨハンネス・ガイラーの説教を聞いた。自分自身の人生を振り返って、彼女は後に何よりも「天の国のための試練」に若い娘の頃苦しんだ、と報告している。敬虔な行い、サクラメントと禁欲的な修行にもかかわらず彼女は何の慰めも安息も感じず、そのため「神の愛と恵み」に確信が持てなくなり、「魂と身体に、死に至るほどの病を得て弱ってしまった」。これらの試練は、ルターがエルフルトとヴィッテンベルクの修道院で受けたそれを想起させる。ルターの不安も同様に、徹頭徹尾その時代の産物であった。これらの不安によって、カタリーナ・シュッツは自由な神の恵みという、宗教改革の使信に鋭敏になっていた。

ガイラーと同じカイザースベルク出身で、一五一八年からシュトラスブルクの教区付き司祭であったマティアス・ツェルが、一五二一年に同地で福音説教を始めた。カタリーナ・シュッツはただちに彼の支持者となり、少し後の一五二三年、二〇歳年長の夫と結婚した。ブツァーが両者を祝福した。ボラとは違ってカタリーナ・ツェルは、改革者のために家政を管理し、彼の背中を自由にすることだけに自分の行動を制限しなかった。さらに公式にますます宗教改革に参加していった。彼女が見せたこの振舞いは普通のものではなかったし、福音主義者たちの間でマティアス・ツェルは「妻の言いなりだ」という批判的な言葉が広まった。この表現はブツァーが一五三三年に記したものである。

すでにシュトラスブルクで行われていた最初の宗教改革における討論にカタリーナ・ツェルは積極的に参加していたし、文書館に保存されてはいないが、古い教えの信仰を守る司教に辛辣な手紙を書いてもいた。おそらく司教は頼みもしないこの女性からの手紙を、そもそも彼女からの侮辱を受けた時にただちに燃やしただろう。しかしこの手紙は、少なくとも大小五冊のツェルの印刷された著作集に残されている。著作集のうち二巻は一五二四年に出版された。二七歳のこの女性は夫が独身の誓いを破ったことを擁護し、ブライスガウの街ケンツィンゲンに住む、福音主義の考えを持った女性たちに慰めの手紙を書いた。彼女たちの夫は故郷から追放され、シュトラスブルクに亡命してきたのだった。後にツェルはボヘミア兄弟団の歌を用いて讃美歌集を編集し、自らの詩編釈義と主の祈り釈義、そして最後に再洗礼派、ツヴィングリの支持者とオシッヒの心霊主義者カスパー・シュヴェンクフェルトに関する、遠慮のない神学論争文書を公表した。

ツェルの著作は同時代にあまり反響を得ず、そのほとんどが版を重ねなかった。これは彼女が宗教改革時代の他のパンフレット著者のように、特にバイエルンに影響を与えたアルグラ・フォン・グルムバッハが古い信仰を守る者たちだけを攻撃したのとは異なり、他の宗教改革者たちにとっても心地良くはない事柄について発言したことと関係している。彼女は自らの急進的な思想を主張し、特に宗教改革における異なる党派間での寛容を支持した。それによって、ルター派の者たちに彼女自身が「誤った教え」の支持者なのではないかと疑われることになった。ツェルは一五五五年に出版されたカステリョの寛容に関するドイツ語翻訳を知っており、彼女の最後の印刷された著作に引用している。

一五五〇年代ツェルには、若いシュトラスブルクの説教者たちの話を聞くのは耐えがたく思われた。「再洗礼主義者的である」よりは「教皇派的である」方が、まだましだった。彼女自身は再洗礼運動の支持者ではなかったが、「貧しい再洗礼主義者の兄弟たち」を保護し、閉め出さなかった。彼女の考えでは、洗礼は時機と年齢の観点から「自由」であるべきだった。サクラメントに関する行為は、過大な重要性を与えてはいけないものだった。洗礼を受けずに死んでしまった子の運命について人々を不安にさせるような者は、洗礼を「猿芝居」にしている。「福音主義」と「福音主義から発生したもの」の間の敵意は、ツェルには耐えがたく感じられた。ツヴィングリは彼女にとって、全くルターと同様に「敬虔な教師であり説教者」だった。

ツェルの内にはその死に至るまで初期宗教改革の精神が息づいていた。彼女は教会に導入された新たな諸儀式に反抗し、新たな教皇制の危険を訴えた。

カタリーナ・ツェル、彼女以前のアルグラ・フォン・グルムバッハ、彼女以降のウルズラ・ヴァイダとマルガレータ・フォン・トレスコウのような女性たちがペンを持ち、宗教改革の闘いにパンフレットを書くことによって参加した。それはルターの万人祭司に関する教義に基づき、それによって彼はまた教養のない、あるいは教養の少ない人々に自主的な宗教的立場を表明するための勇気を与えた。洗礼がすべてのキリスト教徒に聖職を理解するための力を与えるのだから、聖書を読み、理解し、解釈できるようになるために、神学の修得も聖職者の身分も、必要ないとルターは考えた。宗教改革の聖書主義はまた、ツェルと他に名の挙げられた女性たちの公的な参加に根拠を与えた。聖書のみが教会の教義の根拠たりうるというルターの考えから、聖書は神学的立場を基礎づけるのに十分であるという逆の推論が結果として生じた。それは誰にも並外れた学識を求めなかった。

そうした知識をカタリーナ・ツェルは夫や他の神学者との会話、礼拝説教への定期的な参加、熱心な聖書精読から得ていた。さらに宗教改革の諸著作を所有し、読んだ。それどころか欄外にコメントを加えた。明らかに彼女はルター、メランヒトン、ブツァー、オジアンダーの著作

図7　アルグラ・フォン・グルムバッハとインゴルシュタット大学教授たちとの討論

を知っていた。

　万人祭司の教義以外にも、ルターの他の著作、ツェルも読んだ『キリスト者貴族に宛てて』が文書化され広く読まれた。同様にルターがヴォルムス国会に現れたことも、自信を持ってルターに味方しようとする者たちを励ました。ヴォルムスへのルター登場に関する報告とそれに関連する画像（図2、四五頁）は至る所に広まった。アルグラ・フォン・グルムバッハは一五二三年、エックも属していたインゴルシュタット大学の教授たちに、彼女が討論で語り答えるために登壇することを要求した。

この会談はもちろん実現しなかったが、ある画家がアルグラ・フォン・グルムバッハの求めた公開討論をフィクションとして描き、幾度も増刷された重要なパンフレットの表紙とした（図7）。これはどのようにグルムバッハが聖書を手にして神学者たちに対峙し、聖書について議論したかを示している。構図は広く知られたルターのヴォルムス登場の場面とほぼ同一で、二つの出来事の関連性をはっきりと説明している。

カタリーナ・ツェルの著作のいくつかの箇所には、近代で言うところのフェミニスト神学がすでに見られる。彼女はすでに聖書を一人の女性の観点から読み、聖書の中での女性の登場と役割に注意を向けた。一五五八年に公表された主の祈り釈義では、神への父という呼びかけを分析している。まず彼女は神が「父」と呼ばれ、「主」や「裁き主」とは表現されていないことを強調する。また神を「祖父」ということも考慮に値すると見なした。なぜなら信仰者は息子であるイエス・キリストを通じて、親子の関係を贈られているからである。さらにツェルは、神は生みの苦しみも子に乳を与える喜びも知っているのだから、母親に譬えることもできるのではないかと考えた。「われらを試みにあわせることなく」の「主の祈り釈義」において、彼女はマリア・マグダレーナへの神の赦しを想起した。ツェルの公的な振舞いの弁明が問題になった時、彼女はザカリアとエリサベトの話（「ルカによる福音書」一章）によって正当性を証明した。なぜかは分からないが男性たちが沈黙する時には、女性たちが語らなければならない。ツェルは彼女の夫を埋葬する要求をイエスの母の例によって正当化した。イエスの母は「彼女の愛した者」を「女性使徒」マリア・マグダレーナと共に十字架と墓にまで追いかけ、イエス・キリストの死からの復活を証した。さらにツェルは聖書外典の「ユディト記」と、ダビデ王の前で夫ナバルのために尽くした「サムエル記上」のアビガイルに根拠を求めた。

特に印象深いのは、何回もツェルが執筆した「主の祈り釈義」である。彼女はここで強烈に霊的な解釈の道をたどっている。神の名を聖とすることは、彼女の考えによれば認識と讃美を通じて起こる。神の国の到来が人々の心の内に生じる。神の意志は人間の内に「キリストと共にオリブ山において」、まさに受難のキリストと同一になることによって実現する。日々の糧への祈りは慰め、平和と喜びに関係し、拒まれた良心と「生けるパン」であるキリスト自身のためである。「主の祈り釈義」において、ツェルは宗教改革時代の教理問答文献に寄与した。

ツェルは著作活動だけでなく、広範な社会活動にも才能を発揮した。シュトラスブルクで教育施設と救貧院に責任を持って関与し、収監された者、悲しみの内にある者、憂慮する亡命者を訪問した。一五五七年、シュトラスブルクの貧者と病人のための重要な福祉施設であった「ブラッターンハウス」改革の処置に携わり、そのための請願書を起草した。彼女は慈善行為をルターと同様に、十戒の第五戒によって根拠づけた。貧者を助けない者は神から殺人者のように見なされるであろう。貧者と病人の身体を世話するだけでツェルは満足せず、魂に関する世話が彼女にとっては同様に重要だった。彼女は毎朝シュトラスブルクの牧師のうち一人の家に行き、福音の朗読と人々と共に祈るように求めた。ブラッターンハウスは「キリストの教会」でありうる。ハウスの中ではそれまで魂に関する世話は行われていなかったので、彼女自身が人々を訪ね精神的な世話をした。

旅を通じて、ツェルは宗教改革を導いた指導者たちとの交流を絶やさなかった。彼女はルターとツヴィングリを個人的に知っていた。一五三八年、彼女は夫と共にヴィッテンベルクにルターとメランヒトンを訪問した。三〇年後にもまだ、彼女は当時ルターが言ったことを覚えていた。「守りなさい、あなた方は守りなさい、あなた方が決して再びこちら側に入れないもの、廃止された、聖書に何の根拠も持たないものから」。一五二九年に彼女はマールブルク宗教会談に向かう途中のツヴィングリを一四日間家に泊めた。ブツァーが最終的にシュトラスブルクを離れる前の数日間、避難所を与えた。一五四八年の夫の死後も彼女は引き下がることなく、それどころかさらに関わりを増やした。大聖堂ではなく墓地での葬儀礼拝の際にではあったが、三度説教までした。一度は夫の葬儀で、あと二回は一五六二年、福音主義のシュトラスブルクの牧師が、死んだ再洗礼派の女性たちのためのキリスト教式埋葬を拒否した時だった。もちろん、このような素晴らしい社会的貢献の前提は見過ごされてはならない。ツェル夫妻には子どもがいなかった。カタリーナ・ツェルは二人の子を生んだけれども二人とも幼くして死んだので、その結果彼女はカタリーナ・フォン・ボラとは違う方法で、家族の世話をすることになった。彼女の意図しなかった子のない状態が、ツェルをサムエルの母である「悲しむハンナ」のように見せ、ハンナと結びつけた。彼女はこれをまるで神の前で誓いを立てたようだと語っている。それでもまだ神によって子を贈られて喜びを得るのではないかという希望のために、彼女は自分をサラやレベカになぞらえた。

このシュトラスブルクの牧師夫人にして俗人神学者は、しばしば教会と社会における女性としての役割について熟考した。死の少し前に彼女は自らの長い人生を回顧し、幾度か自分を「教会の母」と述べている。このことによって古い教会の教父たちの側、たとえばアウグスティヌスの側に立とうとしたのではない。彼女がこの言葉によって表現したかったのは、自分がシュトラスブルクのキリスト者共同体を世話し母親が子どものために生きるように、教会共同体のために生きたということである。

カタリーナ・ツェルは一五六二年九月五日に死に、多くの人々が関心を寄せる中葬儀が行われた。にもかかわらず死後すぐに忘れ去られた。一七世紀の急進的敬虔主義者ゴットフリート・アーノルドは、彼女を覚えていた数少ない一人であった。一六九九年に出版された『教派の立場から自由な観点からの、教会と異端の歴史』で、彼は彼女を「神の道具」として称えている。ようやく近年になってツェルは、女性史に関心を持つ歴史研究によって再発見された。きっかけとなったのは一九七一年アメリカの神学教授ローランド・ベイントンの本『宗教改革の女性たち』（大塚野百合訳、ヨルダン社、一九七三年）で、一九九五年にドイツ語訳も出版された。もうそれ以降カタリーナ・ツェル、シュトラスブルクの俗人神学者であった女性宗教改革者が消え去ることはない。

カリタース・ピルクハイマー

宗教改革の支持者側にだけではなく、反対者側にも積極的に運動に参加した女性たちがいた。クララ会修道女にして女性修道人文主義者であったカリタース・ピルクハイマーは、反対者の女性たちの中で最も優れた存在で、宗教改革の思想的財産を最もよく知る者として信頼されていた。

彼女はウィリバルト・ピルクハイマーの妹である。兄は人文主義者のサークルに属し、ロイヒリンのように法律家の家系の出だったが古典作家の翻訳者として際立った存在だった。メランヒトンとも彼は親しくしていた。ロイヒリン闘争に巻き込まれ、初期の段階から宗教改革を支援した。一五一八年にルターと出会った。兄ピルクハイマーはヨハンネス・エックを、一五一七年にはまだルターとならぶ最先端の神学者とみなしていたが、一五二〇年にはルターとエックの敵対関係のために、『角のない角』（Eckius dedolatus）という挑発的なタイトルを付けた諷刺詩で嘲った。何よりも一五二〇年秋エックがピルクハイマーを、ルターと共に即時破門を用いて威嚇したことが、その動機だろう。すでに述べたように破門勅書の原本では、ピルクハイマーも異端者の仲間として登場する。しかしエラスムスのようにピルクハイマーは表舞台から退き、宗教改革の暴力性を非難し徐々に改革と距離を置いた。妹が巻き込まれた争いが変化の重要な理由であった。

カリタース・ピルクハイマーはバルバーラ・ピルクハイマーとして一四六七年三月二一日、アイヒシュテットに生まれた。彼女は兄と同じく、名望ある豊かなヨーロッパ最大の商会の一つを所有するニュルンベルクの上層市民家族の出だった。一四七九年に彼女はカタリーナ・フォン・ボラのように、まず修道院に入った。おそらく一四八三年に彼女は修道誓願を立て、生涯厳守した。修道女としての名に彼女はクララ修道会の基本綱領であった愛（caritas）を選んだ。カタリーナ・フォン・ボラとは異なり、修道院生活は彼女に問題とはならなかった。

すでに一四世紀に創立されたクララ修道会は、アッシジの聖フランシスコの伝統に基づく。クララ修道会は、フランシスコの信奉者中初めての女性であった、アッシジの聖クララに由来する。彼女は一二一五年あるいは一六年に彼が提案した、使徒の模範に倣う新たな生活に従うことを望んだ。フランシスコは修道会を創設し、クララは自ら規律を与え、一二五三年に教皇によって認可された規則を書いた。ニュルンベルクのクララ修道院内居住者はほぼ六〇人を数え、模範的精神生活を導いた。ピルクハイマーは一五〇三年修道院長に選ばれた。彼女は教育を受けた女性でラテン語までも自由に操った。優れた蔵書を持ち、人文主義の学者たちと文通していた。彼女もその本を読んでいた偉大なるエラスムスには、兄を通じてあいさつを託した。エラスムス自身に手紙を書くことは、謙遜を義務付けられたクララ修道会の者として遠慮した。

しかし宗教改革は、修道院の壁の中で観想的に祈りと人間形成に取り組む人生を変化させた。まずピルクハイマーは彼女の意に反して、しかし無関係にでもなく反宗教改革パンフレットの著者となった。つまり一五二二年彼女はルターの全く特別な敵であった、古い教えの神学者ヒエロニムス・エムザーに、宗教改革に自らの批判的な意見を表明し、「異端」に対する彼の論争を励ます手紙を書いた。しかし宗教改革の支持者たちがこの手紙を入手し、翌年手紙に「高名で好色なエムザー様へ」という辛辣な欄外注記を加えて、印刷した。これはピルクハイマーの名望と彼女の修道会を傷つけるという目的を達した。しかしピルクハイマーと修道会にとってより問題だったのは、ニュルンベルクにおいてその後に発生した事態だった。

帝国都市ニュルンベルクは一五二二年に宗教改革を導入し、ルターの思想を実践しようとした。一五二四年ルター自身がまだ厳密に解釈するならば修道士として生きていた頃に、修道院の解体を開始した。この解体はいくつも行われ、男性修道院では特に問題は起きなかったが、クララ修道会は一致して頑強に抵抗し、福音主義の都市で修道生活を続けていくことを望んだ。福音主義当局とニュルンベルクの宗教改革者たちは、これを許すつもりはなかった。修道女たちはフランシスコ会に属する聴罪司祭から引き離され、彼女たちの説教を激しく非難する福音主義説教者の話を聞くよう強制された。修道女たちが定時課に教会内の聖堂内陣に集まると、福音主義のニュルンベルク市民たちは当時修道教会で一般的であった壁、教会身廊と教会内陣を仕切っていた聖障越しに石を投げつけ、修道女たちの礼拝を妨げるどころか身体的に傷つけることさえいとわなかった。福音主義の両親たちは彼らの娘を修道院に入れるというかつての決断を悔やみ、修道院を襲撃し力づくで自分の娘たちを連れ去った。痛ましい光景が見られた。

市参事会によって、修道女たちに世俗の衣装を身につけさせ、視線の接触をさせないようにクララ会規則では会話窓が厳格に定められていたにもかかわらず、顔が見える窓を作ることが計画された。ピルクハイマーは彼女の修道会を全力で守り、手紙を書き請願を行った。そこで彼女はヴォルムスでのルターの様子などを引き合いに出して、彼らの良心と、異なる宗教を信じる者を自らの宗教のもとで容認するトルコ人の寛大な態度を福音主義者たちに思い起こさせた。数時間にも渡って彼女は、それでも暴力的な措置を正当と考えるニュルンベルクの宗教改革者アンドレアス・オジアンダーと話し合った。

ニュルンベルクの改革者の中で最重要人物であったアンドレアス・オジアンダーはグンゼンハウゼン出身で、インゴルシュタットのエックの下で学び、エックや兄ピルクハイマーのように人文主義の影響を受けた。彼は司祭として叙階され、一五二〇年にニュルンベルクのヘブライ語教師として着任した。彼はルターの教義を知り、一五二二年に公式にルターを支持するようになった。ニュルンベルクの修道院改革推進者であった。彼は両親による修道女誘拐を第四戒によって正当化し、一五二五年市参事会に妹ピルクハイマーを市から追放するよう意見書で進言した。彼は彼女を「神の迫害者」と呼んだ。おそらく彼は一五二二年か三年に、ピルクハイマーがエムザーに書いた手紙を横取りして印刷した件にも関与しているだろう。

この窮状に際してピルクハイマーは兄を頼り、彼は一五二五年初めに友人であるメランヒトンに、心をつかむような言葉で状況を説明し、介入してくれるよう依頼する手紙を書いた。ウィリバルト・ピルクハイマーは彼自身修道生活を同様に批判的に見ていると公言し、修道女になった娘二人の人生選択に対しても間違っていると主張していた。しかしそれは、彼の考えによれば暴力を正当化するものではなかった。

メランヒトンは一五二五年秋にニュルンベルクを訪れたが、クララ修道院に関する争いを調停するためにではなく、遅れていた学校建設のためだった。しかしカリタース・ピルクハイマーはこの機会を用い、メランヒトンの修道院訪問が実現するよう、参事会議員の一人カスパー・ニュッツェルの協力を得た。この目論見はうまくいった。

一五二五年一一月一八日メランヒトンはクララ修道院を訪ね、修道院長と二人きりで話し合った。まず彼は宗教改革の目的をはっきりさせねばならないと考えたが、ピルクハイマーは彼にすでに自分がそれをよく知っていることを示した。彼女は予想通り「行為による義認」に関する非難を受けたが、そこで自分と仲間の修道女たちは、宗教改革者たちが頑固に主張しているように自らの行いにではなく、神の恩恵に希望を託していると強調した。メランヒトンは修道院でも世間においてと同様に至福の状態になりうること、そうである限り、修道誓願を功績あるものと見なさないと認めた。それでも修道誓願の有効性の問題に関しては、両者は一致しなかった。メランヒトンはルターと同じく修道誓願は永遠に拘束的とは考えなかったが、ピルクハイマーの考えでは人は神の与えた約束を守るべきだった。この見解の相違にもかかわらず、両者は友好的に別れた。

会談の後、メランヒトンは市参事会においてクララ修道会を擁護した。彼は聴罪司祭の剥奪、修道女誘拐を非難し、大変明白に暴力的措置に対して反対の旨を表明した。結果としてニュルンベルク市民はクララ修道女と関わることをやめた。ただ修道女一名のみが一五二八年に修道院から自分の意志で去った。それ以外のすべての者は、もはや新たな修道女が受け入れられることはなかったにもかかわらず、死に至るまで留まった。それ以外のこともクララ修道女たちには引き続きそのままだった。従来の信仰の司祭による霊的な世話は禁じられ、もはや告解をすることはできなかったし、聖餐を祝うことも終油の秘蹟も断念せねばならなかった。彼女たちが自らのものとしていたサクラメントに対する敬虔さのために、自らが置かれたこの状況にとりわけ苦しんだ。市参事会の使者に対してピルクハイマーは一五二七年、「私たちは家畜のように死なねばなりません」と苦情を申し立てた。一五二九年四月の、カリタース・ピルクハイマー修道院長就任二五年記念の祝いにおいて修道女たちは聖別されたパンを見て、聖餐における聖杯拒否に関してルターとて改革の初期段階では支持者と共に耐え抜かねばならなかったのだ、という考えで自らを慰めた。聖餐はアウグスティヌスに由来する考えでは霊的な、信仰において受け取られるサクラメントの受領だった。「信ぜよ、信じたればこそおまえは食したのだ」(Crede et manducasti)。一五九六年最後の修道女が死んだ後、修道院は取り壊された。ただ修道院教会だけが残された。ピルクハイマーはすでに一五三二年八月一九日に死に、修道院教会に葬られた。墓は一九五九年に再び発見された。今日彼女にちなんで命名された、修道院の敷地にあるカトリックの教育センターが、福音主義帝国都市におけるその働きを記念している。

ピルクハイマーはメランヒトンとの会談後、この出会いと彼の人格についてより肯定的意見を表明し、すべての福音主義者が彼のようであればよいのにとの願いを述べた。しかし彼らは違っていた。修道院の解体は宗教改革が歩を進めた至る所で実施された。他の場所でも同様にそれまでの修道女たちによる抵抗があった。実際しばしば修道院は学校に作り変えられた。修道院の中で宗教改革的変革に耐えたものは非常にまれだった。特に現在のニーダーザクセン地域には宗教改革後もいわゆる福音主義女性宗教団体があり、そこでは貴族の娘たちが福音主義に従って修道生活を送った。しかし、これらの施設は不要とされた貴族の娘たちの最終的な生活の場であって、教会とは何の関わりもなかった。また共同体における霊的生活も特にしっかりしたものではなかったようである。これらの宗教団体のいくつかは今日まで存続し、それどころか時にはオスナブリュックの北にあるベルステルシュティフトのように、福音主義精神に従った新たな修道生活のために尽力している。

プロテスタンティズムにおける修道的再覚醒は一九世紀と二〇世紀に起きた。ディアコニーの建物と、共同体が立てられた。少し前からは「福音主義ベネディクト女子修道会」すら存在する。ルターがいたかつてのエルフルトの修道院では、今日再び――福音主義的に形成された――修道生活が行われている。

政　治　家

宗教改革は純粋に宗教的な出来事ではなく、政治的枠組条件の中で起き、政治的前提条件と結果を伴うものだった。ドイツでの宗教改革を容易にした重要な要因のひとつが、一元的中央集権を伴う国民国家の欠如である。ドイツを支配していた分立小国は宗教改革を促進し、そして宗教改革は数百年もの間、領邦（Land）の地域的で多様な形態を再び固定化した。

宗教改革者たちは独力で改革を成し遂げたのではなく、彼らはそのためにその都度当局からの援助を必要とした。これはヴィッテンベルクとチューリヒ、シュトラスブルクとジュネーヴのみならず、さらにはヴァルツフートとアルシュテットにも当てはまる。当局は宗教改革者たちの教義に干渉したが、もっとも改革者たち自身も、常に宗教的なもののみとは限らない利害関係を宗教改革の出来事に持ち込んだ。

宗教改革史にとって重要な要素は、帝国の機関であり皇帝の人柄だった。メランヒトンと比べてカール五世には、宗教改革の歴史を初めから体験しそれにより形成された、偉大な人格というものはあまり見られなかった。

カール五世

宗教改革史において最重要の政治的勢力は皇帝だった。カール五世は一五一九年から五八年まで皇帝として統治した。彼は元をたどれば一〇—一一世紀にアルザスとスイスから出て、東方に拠点を移したハプスブルク家の分家出身だった。もっとも彼らはたとえばスペインも領有していたのではあるが、一六世紀にはオーストリアがハプスブルク家の中心領土となった。一五〇〇年二月二四日にフランドルのガンに生まれたカールはまず一五一五年にブルグンド公、次いで一五一七年南イタリア、中南米も含むスペイン王となった。

中央・南アメリカの支配者として、カールはこの新たに発見されてから幾年も経っていなかった地域の植民地化とキリスト教化に、連帯責任を負っている。一四九二年にクリストファー・コロンブスはスペインから海路でインドを見つけ出そうとし、カリブ海にたどり着いた。その少し後にスペイン人たちが侵略を開始した。コロンブスが彼らをインド人だと見なしたために「インディオ」と名付けた原住民を、征服者たちは情け容赦なく扱った。追放、殺害、強制洗礼は日常茶飯事だった。権利を奪われた人々のために声をあげた少数派の一人が、ドミニコ会士バルトロメ・デ・ラス・カサスだった。彼は虐待されているインディオ一人ひとりに「鞭打たれたキリスト」を見出し、勇気をもって声をあげた。一五四〇年から四三年まで、彼はカールのスペイン宮廷でインディオのこの宿命を緩和するための法的規定に尽力した。そしてカールも耳を傾け、新しい法令を公布するという成果を得たにもかかわらず、その法令は現地には適用されなかった。節度を目的としたカールの政策は実際には何の成果も得なかった。それは彼のドイツ――そこに住む人々は遠いアメリカの動向など全く知らなかった――における政策と非常に良く似ている。

皇帝は選挙され、その結果は毎回どうなるか分からないものだったので、カールが皇帝になるとは決まっていなかった。とはいえ大体はハプスブルク家の一員が選挙に勝ち、その地位に就いた。

皇帝は「ドイツ国民の神聖ローマ帝国」の頂点、帝国元首という地位にあった。おそらく「ドイチュラント」あるいは「ドイツというライヒ」について語ることは正しくなく、もしくは多少大目に見るとしても大雑把なものでしかない。ライヒはカール大帝が八〇〇年に建てた帝国が古代ローマ帝国の後継者と自認していたため、自らをローマ帝国、皇帝をローマ皇帝と解釈したことに由来する。ドイツはライヒの中央に位置したが、ライヒはドイツ以上のものだった。皇帝は七人の選帝侯（皇帝選挙権を持つ君主と司教）によって選ばれた（当時のドイツ語で gekürt）。宗教改革期にはマインツ、ケルン、トリーアの大司教、ザクセン、ブランデンブルク、ボヘミアとプファルツの君主が選帝侯だった。一五一九年、ハプスブルク家のマクシミリアン一世が一月一二日に死んだ後に再び皇帝選挙が行われることになり、候補者が議題となった。すなわちザクセンのフリードリヒ賢公、フランス王フランソワ一世、そしてスペイン王カール一世だった。選帝侯たちは長い話し合いを経て満場一致でカールを選出した。ただブランデンブルク方伯だけが最後まで留保した。カールと結びついている世界中の経済圏に多くを期待していたフッガー家の資金が、選挙で大きな役割を果たした。厳密に言えば選帝侯たちが王、つまりローマ王を選ぶ。まず教皇司式の戴冠が行われ、時には数年経た後、その王は皇帝、つまりローマ皇帝になる。短く皇帝と皇帝選挙について説明しよう。カール五世は一五一九年六月二八日にフランクフルト・アム・マインで選出され、一五二〇年一〇月二三日にアーヘンで王として戴冠し、一五三〇年二月二四日にボローニャで皇帝の冠を得た。

ドイツの人々はカールが政権の座に就くことに大きな期待を寄せていた。彼がドイツを知らずドイツ語を自由には操れなかったにもかかわらず、今まさに直接ローマに対抗して持つべきドイツの利益の代表者であると信じた。すでに一五世紀ドイツでは、人文主義が基礎を築き強めていた、はっきりとした国民意識が目覚めていた。そして帝国議会において数多くの、とりわけ教皇に向けられた告発「ドイツ国民の負担」（gravamina nationis Germaniae）が述べられた。ルターもまたカールの即位に大きな期待を寄せていた。彼の一五二〇年の『ドイツのキリスト者貴族に宛てて』は皇帝宛である。前文で彼は皇帝の、希望を与える根拠となる若さを強調した。カールは選挙において諸権利を放棄し、彼を選んだ者たちに譲歩する降伏文書に署名しなくてはならなかった。それによって選帝侯たちは皇帝の権限を制限し、自分たちの利益を皇帝の政策に持ち込もうとした。カールの選挙降伏文書は理由も検証も排した（on ursach, auch unverhort）約束だった。その際、選帝侯たちは当然もう何十年もの間存在していなかった異端について考えはしなかった。しかし、この規定は始めてまさにその時に機能した。教皇の見地からすれば新たな異端、すなわちマルティン・ルターが自らについて語ったのだった。ルターの領主であるフリードリヒ賢公と他の者たちは、一五二一年皇帝がルターを喚問することを要求しそれを達成した。

一五二一年のヴォルムス国会はカールの治世における初めてのもので、それゆえ多くの期待を寄せられた。ルター問題は議場の全員によってではなく、通常であればそこで会議が開かれる市庁舎ででもなく、端の方の皇帝が宿泊していた司教館において特別会議で扱われた。教皇代理人は出席しなかった。カールはルターの撤回拒否の後、確信をもって彼に対峙することを決めたが、取るに足らぬ修道士、単なる神学教授が、教会とすべての伝統に反して正しいことがあろうとは考えてもみなかっただろう。カールはルターに有罪判決を下し、後に言ったように、こんなにも長い間ためらったことを悔いた。しかし優柔不断な政治はその後も続いた。彼はすでにドイツにおいて得られていた宗教改革が持つ推進力と、支援を過小評価した。ルターに対する帝国追放刑を断念し、判決を領主たちに通達しただけだった。彼はルター相手に自らの全力を投入はせず、ヴォルムスにおいて約束したように北イタリアでフランスと戦うために帝国を後にした。

教皇と皇帝は宗教改革の世紀に、たびたび目的を異にした。そのことは一五一九年の皇帝選挙に際して、教皇がハプスブルク家出身者でない者を望んだことからも明らかである。対立は一五二〇年代まで続き、そこで再び具体的な政治的利益が重要になってきた。皇帝と教皇の政治的差異が、彼らが懸案の宗教的諸決定に取り組み共同で解決することを妨げたとも言い換えられる。一五二六年には皇帝に対抗して、フランス王国、ヴェネツィア、ミラノ、フィレンツェと教皇によって「コニャック神聖同盟」が結ばれた。イタリアの権力関係が問題だった。カール五世は同盟に対して軍事的支配を試み、皇帝軍によって「ローマ略奪」（Sacco di Roma）が行われた。一五二六年五月六日皇帝軍は聖なる都を掌握した。指揮官は軍が襲撃し略奪するのを見過ごした。レオ一〇世の甥である教皇クレメンス七世は聖天使城〔サンタンジェロ〕に逃げ込んだが、六月五日に降伏せざるをえず捕虜となり、やっと一二月六日になって身代金を払って解放された。ルターはこの出来事を満足して眺め、教皇制の終わりが来たと考えていた。このことに彼は賢明な神による歴史支配の証を見た。なぜならよりによってこの皇帝こそが、ルターを教皇の委託によって迫害したのだから。ルターの考えでは今や教皇制は荒廃しきっていた。しかしその教皇制は、すぐに再び立ち直った。

皇帝臨席の第二帝国議会は、一五三〇年にアウクスブルクで行われた。カールはここで再び、宗教的統一を回復する可能性を信じていた。彼は自らを教会の守護者と見なし、教会改革も望んでいた。フランスに対する勝利を手にし、教皇によって今まさに戴冠され、カールは自分が権力の絶頂にいると錯覚し平和をもたらした皇帝として歴史に刻まれたいと願っていた。一五三〇年六月二五日帝国議会の全員が出席する場で、アウクスブルク信仰告白が、厳粛にザクセン選帝侯尚書であるクリスティアン・バイアーによってドイツ語で読み上げられた。信仰告白の主著者であるメランヒトンは、全く疲れ果てて泣きそうになりながら宿舎に座っていた。その日は蒸し暑くカールは朗読の間寝入っていた。すでにこれを、今後起こることの象徴的暗示と考えうるだろう。帝国議会は宗教問題を解決することに失敗した。皇帝の目から見てもそうだった。福音主義諸侯が従来の教会に戻ることはなく、カールはバイエルンの公爵たちもローマの教皇庁も統一のための妥協をするつもりはなく、より対立を望んでいると知ることになった。カールが決定したであろうアウクスブルク信仰告白の却下は言うまでもなく分裂をより深刻なものとし、統一のための機会を失墜させた。

一五三〇年代カールは、現実政治上の理由からプロテスタント諸侯を許容するしかなかった。オスマン帝国と戦うためにはプロテスタント諸侯の援助が必要であり、最終的には勝利を収めトルコ人の脅威を退けることができた。トルコ人の脅威は最初から宗教改革史に伴うものであり、宗教改革者たちはこれに神学的意味も付与した。一五二〇年に即位したスルタン、スレイマン大帝の下でトルコの領土拡大を目指した新たな局面が始まり、カール五世は領土と水を争って戦った。一五二一年にはベルグラードがトルコに占領され、一五二六年にはハンガリー王がモハチの戦いで戦死した。ルターはこれらを最後の審判の前兆と見なした。一五二九年にはヴィーンが三週間に渡って、トルコの支配者によって包囲された。さらに「トルコの年」は一五三二年、四一年、四三年と続いた。幾度かルターは著作の中で、トルコとの軍事的衝突問題を分析している。彼は戦争を正しいものと主張したが、十字軍にならないよう警告した。基本的に彼はトルコ人を、罪に堕ちてしまったすべてのキリスト教徒を罰するための神の「懲らしめの鞭」と見ていた。ゆえにトルコ人との戦いについてルターの立場は、まず罪を悔い改め改心すべきというものだった。メランヒトンも同様に問題と危険を認めているが、ルターよりは終末についてよりうまく説明している。極めて真剣にキリスト教ヨーロッパの没落を予想し、かつてキリスト教揺籃の地であった小アジアでそうであったように、ヨーロッパでキリスト者は本当に少数者になると考えた。そしてメランヒトン自身、神が世界の他の地域を選び全キリスト教の中心とするということを確信していた。

一五四〇年代の宗教会議は皇帝主導の結果生じたものである。背景には許容しうる教会改革を基礎として周知の願望である統一を、と言うだけでなく、またもや同様に対外政治上の余儀ない事情があった。フランスとの争いは再び激しさを増し、カールはこの状勢において新たな福音主義諸侯の援助を必要とした。一五四一年レーゲンスブルク宗教会議には自ら同席した。ザクセン側の諸提案に対して彼は教会に関する意図を、家の建て壊しと新築にたとえた。古い家を壊しても、石やその他の材料は新たな家を建てる際に用いられる。しかもさらにカールは、教会改革を教皇抜きで行おうとすら考えていた。しかし「レーゲンスブルク本」は頓挫し、一五四二年シュマルカルデン同盟が皇帝の平和への望みにさらなる一撃を加えた。カトリック公国であるブラウンシュヴァイク＝ヴォルフェンビュッテルに戦争をしかけたのである。同時にケルン大司教が宗教改革に接近し始め、再び嵐が起こる気配がしてきた。一五四六年カールがネーデルランドからレーゲンスブルクに再び到着した時、戦争は確かに終結した。

シュマルカルデン戦争中、もう一度カールは自分の目標がかないつつあると考えた。一五四七年五月二三日、勝利を収めて宗教改革が始まった街ヴィッテンベルクに入り、さまざまな問題を解決した。カールは城教会に行き、一五二一年以降二度と会うことのなかったルターの墓の側に立った。彼は「異端者」に当時他の場所で行われたような墓を暴き死体を燃やすことをせず、助言者たちの提案を却下することで寛大さを証明した。「私は生者と戦ったのであって、死者とではない」という言葉が口承で伝えられている。彼がこれを言ったか言わなかったかは証明できないが、いずれにせよその立場と態度を表すものである。

一五四六年から五二年までの戦争状態は終結したが、皇帝の目から見ても挫折だった。彼の宗教政策はことごとく失敗だった。一五五二年、三一年すでにドイツ王となっていた弟のフェルディナントに職務を譲った。皇帝の死を待たずに（vivente Imperatore）ローマ王に選ばれたことで、彼は将来皇帝になることが予定されていた。一五五五年のアウクスブルクの宗教和議にカールは参加せず、フェルディナントが代わって交渉した。一五五六年八月三日カールは皇帝位を放棄し、移行期限を定めてあったにもかかわらず弟に譲った。この職務は形式的には一五五八年三月一四日、フェルディナントが選帝侯たちによって「選出されたローマ皇帝」であると改めて宣言された時に移譲された。教皇による戴冠は行われず、一八〇六年の帝国終焉までそのままだった。なぜなら教皇たちは距離を保とうとし、またルター派という「異端」を帝国内に許容しているような皇帝の戴冠は、司式したくないと思っていた。皇帝の方も教皇庁の儀式によって、ルター派の臣下を刺激したくはなかった。退位と職務交代はさまざまな点からして、一度きりのカーテンコールのようであった。よりによってヨーロッパ近代最強の皇帝が、その即位期間を普通に死によって終えるのではなく、退位してスペインのエストレマズーラで生涯最後の日々を過ごすことを決めたのだから。カール五世は一五五八年九月二一日に聖ヒエロニムス会ユステ修道院近くの屋敷で死に、修道院教会に埋葬された。

カールの数少ない宗教政策分野における業績の一つが、トリエント公会議である。この会議は皇帝の意志に基づき、会議の招集と第一回目が行われた後実に二五年間行われた。皇帝は教皇に強いなかったし、もしそうしても成功しなかったであろう。開催地の選択に皇帝は影響力を行使した。教皇はできるだけこの会議を自らの勢力範囲で阻止しようとしたが、トリエントは皇帝領にあった。すでに一五二四年、カールがイタリアにいたにもかかわらず、ドイツ人たちが彼にドイツの都市で開催するよう求めたため、皇帝は教皇にこの場所を提案していた。トリエント公会議はカールの死後も続けて開かれ、彼が常に望んでいたような刷新されたカトリック教会を生み出した。しかしこの刷新は、宗教改革をもう一度抑え込むには遅すぎた。そして刷新は皇帝の考えたような包括的なものではなく、教皇制のすべての重大な改革はトリエントで考慮されなかった。

フリードリヒ賢公

ザクセン選帝侯は初期近世の帝国内で、最も力ある男性の一人であった。彼の権力は領土の広さだけでなく、その経済力の強さにも基づいている。というのもザクセンは鉱業地域としても重要だった。にもかかわらず障害となったのは、一四八五年に実行された領土分割だった。選帝侯領はエルネスト家によって、公爵領はアルベルト家によって支配されていた。エルネスト家は北方、西方と南方を治めトルガウとヴィッテンベルクに居所を持った。アルベルト家は東方と北西地域を治め、マイセン、ライプツィヒとドレスデンに居住した。この領土分割は宗教改革史にとってさまざまな帰結を——シュマルカルデン戦争のようなことまで——もたらした。しかし当初、領土分割はある全く異なった効果をもたらした。一五〇二年のヴィッテンベルク大学設立である。一四〇九年に設立され年を経て評価を得ていたライプツィヒ大学がアルベルト家の領土内にあったため、エルネスト家は自分たちの大学を持つことを望んだ。ヴィッテンベルク大学は宗教改革の基礎であり、この大学なしに改革が実現できたとはとても考えられない。

ヴィッテンベルク大学の設立者は選帝侯フリードリヒ三世で、「賢公」（der Weise）とも呼ばれた。彼は一四六三年一月一七日トルガウに生まれ、長男として一四九六年父の後を継いで選帝侯位に就いた。フリードリヒは人文主義教育を受けた。彼はラテン語と多少のフランス語を理解し、ロイヒリン、エラスムスとも交流があり、同時に敬虔な人間だった。修道院改革を要求し、一四九三年に聖地を巡礼した。ヴェネツィアでは安全とは言えない船旅をし、エルサレムで騎士に序せられた。

ヴィッテンベルク大学は学者の言葉で、地名にちなんで（witt は白を意味する）ラテン語とギリシャ語を混ぜたロイコレア（Leucorea）（白）と名付けられ、テュービンゲン大学を模範として創立された。創立記念日は一五〇二年一〇月一八日である。大学設置に必要な皇帝の特許状は七月六日に到着し、教皇の書状は遅れてようやく届けられた。大学設立時の箇にして要を得た組織はアウグスティヌス隠修士会のヨハンネス・フォン・シュタウピッツのもので、彼の後任としてルターが一〇年後に来ることとなる。

ヴィッテンベルクにフリードリヒは城を持っていたが、街に住むことはまれだった。彼は居所としてトルガウを好んだが、ヴィッテンベルク城教会に、一四九三年以降継続して購入していた聖遺物を収容した。ロードスからはその頃聖アンナの親指を持ってきた。その後彼は飽きることなくさらに収集を続け、それどころか帝国議会で同じ身分の者たちに自分に聖遺物を譲渡するよう呼びかけさえした。死んだ聖人の遺物は高価な容器に入れられて、城教会二階席前の棚に陳列され、年に一度参観に開放された。一五二〇年収集品は一万九千点に及んでいた。にもかかわらず、それは当時そう驚くようなことでもなかった。ハレにはその二〇倍もの大量の聖遺物があった。聖遺物は、死んだ聖人の人生と行いを記念するだけではない。それを参観し敬虔に観察することによって、贖宥を得ることができたのである。贖宥と関係する特別な収集品は城教会で年に一度万聖節にのみ開放され、贖宥はアッシジにある礼拝堂にちなんでポルチウンクラ贖宥と呼ばれ、悔い改めたすべての罪に有効だった。フリードリヒの聖遺物コレクションとルターの提題の間を結ぶ線がある。ルターは一五一七一〇月三一日に提題を公表した。一一月一日は万聖節である。選帝侯の聖遺物コレクションと、それらと結びついた問題のある信仰実践を、ルターは直接には決して非難しなかった。少なくとも一五一九年までフリードリヒはさらに聖遺物収集を続けた。その頃フランス王の母親が持っていた聖遺物と、クラナッハの絵画を交換している。しかし一五二一年からは聖遺物はもはや公式には展示されず、フリードリヒは以降それ以上新たなものを求めなかった。しかしフリードリヒの死後初めて、彼の弟である後継者によって破壊され、金と銀は売却された。同時に城教会は新たな、当初は意図されていなかった選帝侯家墓所としての役割を得た。一五二五年にフリードリヒ賢公が、一五三二年には同様に彼の弟が中央祭壇の前の階段に埋葬された。堂々とした記念碑が今日まで、二人の宗教改革諸侯を記念している。

帝国の政治に関してフリードリヒは相当な経験の持ち主であった。一四九五年のヴォルムス国会以降、ほとんど定期的に自ら帝国議会に出席した。皇帝への完全な忠誠心にもかかわらず、彼は一貫して皇帝と帝国の権利を領邦に対抗して高めようというすべての試みに反対し、それどころか全く反対の目標である領邦強化を追求した。フリードリヒを皇帝にするという考えは、ただこの背景事情によってのみ理解可能である。しかしザクセンはオットー一世から三世の時代以降、皇帝を輩出していなかった。結局はいつもハプスブルク家の者が選ばれたのだった。フリードリヒ自身はこの考えに対して、一五一九年に留保するような態度をとった。彼は自分の票を無条件でカールに投じた。しかしフリードリヒは皇帝になることなくドイツ史、特にドイツ教会史に、司教に世俗的権力を与えるという決定によって六〇〇年前のオットー朝の皇帝たちと同様に、強い影響を与えた。

フリードリヒはルターの守護者として歴史に登場し、ルターが一五一八年にローマに行くのではなく、アウクスブルクで審問されるように手を尽くした。一五二一年ルターがヴォルムスに召喚され、安全な護衛を得るよう尽力した。ヴォルムス国会後は彼を安全な場所に移した。ヴィッテンベルクの修道士を保護した動機に関しては、ただ推測しかできない。この時代の支配者の人格について、内的動機への洞察を可能にするような資料は何もない。確かにフリードリヒは、自分の領土内で起きた内政に関する他人の干渉を望まなかっただろう。また確かに彼の新しい大学が有名になり全ヨーロッパから学生たちが引き寄せられて来るというのは、意にかなったであろう。この件に関して確実に同様に重要だったのは、皇帝に対する領邦の権利を守ることだった。フリードリヒがルターの宗教的関心事を理解していたかどうかは疑わしい。しかしルターのヴォルムスへの召喚は、アルブレヒト・フォン・マインツにも負っている。彼は同様に皇帝と教皇、教皇使節が要求した早急な追放命令に反対して召喚を要求した。皇帝の前でルターが演説した後、フリードリヒは「マルティン師はよく語ったが、ただ私には、彼はあまりに率直過ぎるように思われる」と言ったと伝えられている。

ルターとフリードリヒはただ一度だけ、すなわちヴォルムス帝国議会において個人的に会った。それ以外両者は仲介者を通じて互いにやりとりした。ニュルンベルク近郊のシュパルト出身のゲオルク・ブルクハルト、略してシュパラティンと呼ばれた人文主義者の秘書官が大きな役割を果たした。このフランケン地方の職人の息子はルターと共にエルフルトで法学を学び、極めて深く人文主義の影響を受けた。長年教育者として働き聖職者の誓いを立てた後、一五一六年からフリードリヒの秘書、聴聞司祭、宮廷説教者として働いた。フリードリヒの死後には福音主義の牧師となった。

フリードリヒは偉大な芸術の後援者だった。絵画同様、音楽と文学も援助した。一四九六年から始まったヴィッテンベルク城教会の、後期ゴシック様式の新築工事のために、彼は第一級の芸術家たちをエルベ川畔の都市に呼び寄せた。その中に、宗教改革に大変重要な人物となるルーカス・クラナッハもいた。一五〇三年に教会は奉献されたが、一五〇六年から〇七年にかけて丸天井が作られた。その後初めて大学の教会として使うことができるようになった。教会には一六の、他の資料によれば二一の祭壇があった。八〇人の聖職者がそこで働いていた。各自が毎日一回ずつミサをあげた。数え切れないほどの礼拝が、しかし大抵は信徒たちが出席することなしに行われた。

フリードリヒ賢公は一五二五年五月五日にトルガウ近くのロッハウで死んだ。死の床で彼は初めて二種陪餐を受け、それによって間接的に、彼が八年間守り意識したにせよしないにせよ成功に導いた宗教改革を認めた。ヴィッテンベルク城教会への埋葬に際して、ルターが弔辞を読み、フリードリヒが生前、全く血を流さなかったことを強調した。フリードリヒの死をルターは間近に迫っている悪の時代への警告として、そして福音をいいかげんに受け止める民に対する神の罰のしるしと解釈した。後に死者をルターは「神の奇跡の人々」の一人に数えた。死んだフリードリヒには正式の婚姻による子どもがいなかったので、弟である「不変公」(der Beständige)の異名を持つヨハンが選帝侯位の後継者となった。彼は当初から一貫してルターと宗教改革を支持し、それから一五三二年までの治世の間すべての面倒な事柄から守った。

ヨハンの後は彼の息子ヨハン・フリードリヒが続き、美化して「豪胆公」(der Großmütige)と呼ばれるが、悲劇的な人物であった。無気力な性格で酒と狩りの愛好者だった。宗教改革に固執して戦争の混乱に巻き込まれた。皇帝に対する反乱を理由に死刑を宣告され、領土の主要部分を放棄した。皇帝の捕虜として辛い五年間を過ごした。それ以前から彼は自分では動けぬほど病気かつ肥満であり、釈放が取り消しになった後一五五四年にヴァイマールで死んだ。

失われたヴィッテンベルクの代わりにヨハン・フリードリヒはイエナ大学を建て、そこで厳格なルター主義が発展し中心地となる。さらに最初の福音主義建築である、トルガウ城の礼拝堂は彼によって建てられた。一五四四年ルター自身が、トルガウのハルテンフェルス城を聖別した。それまでルター派の宗教改革者たちは中世の教会をそのまま使い、改築にも慎重であった。トルガウにおいて初めて、断固とした福音主義の要請に従った教会が建った。福音主義教会には聖職者のための特別な席はもはや必要ではなかったので、単身廊の礼拝堂に聖堂内陣はなかった。説教壇に柱が設置され、説教者はそれによって会衆の間に立つことができた。祭壇は簡素な机の形をしており聖餐を祝うのに十分である。

フィリップ・フォン・ヘッセン

ザクセン選帝侯領とならんで宗教改革にとって最も重要な地域が、ヘッセン方伯領だった。この地域は一五一八年から六七年まで、ザクセンのヨハン・フリードリヒのように「豪胆公」

の異名を持つフィリップによって治められた。彼は一五〇四年一一月一三日マールブルクに生まれ、まだ一四歳にもなっていなかったにもかかわらず、皇帝から成人としての権利宣言を得て、すでに一五一八年に統治を引き受けた。一五二一年彼はヴォルムス国会に赴きそこでルターと会話したが、その時点では彼を否認した。しかしこの時すでにヘッセンには福音主義説教者がおり、カッセルのフィリップの宮廷には「マルティアーナー」（ルター支持者）もいた。アルスフェルトでアウグスティヌス隠修士会のティルマン・シュナーベルはルターの考えに従って説教し、一五二四年一月になってなおヘルスフェルトではハインリヒ・フックスとメルキオール・リンクの両名が領地から追放された。マールブルク出身でルターの下で学んだハルトマン・フォン・イーバッハは、帝国都市フランクフルトで働いた。一五二四年の間にフィリップは、メランヒトンの影響を受けて自ら宗教改革に取り組むようになった。

メランヒトンは一五二四年夏、〔一五一八年の〕ヴィッテンベルク招聘以降初めての休暇旅行で、プファルツ選帝侯領にある故郷を訪問した。その帰途彼は騎馬で移動していたのだが、偶然ハイデルベルクよりも進んだところで、貴族の宴に向かって騎行中のフィリップと出会った。フィリップはメランヒトンを知っており彼だと認め、目下進行中の宗教問題についての会話に引き込んだ。フィリップはメランヒトンをハイデルベルクに同行し、宿泊所でさらに議論することを強く望んだ。しかしメランヒトンは引き返すことに同意せず、フィリップの疑問には書簡での返答を約束した。一五二四年九月メランヒトンはヴィッテンベルクで宗教改革基本思想の要約を執筆し、それを方伯に送った。この時生涯に渡る信頼関係が相互に結ばれた。ただメランヒトンはフィリップの好戦的な野望にだけは、なじめなかった。

一五二四年以後、フィリップは領土内での福音説教を許可した。彼は内的確信によって福音主義的であり、自身の信仰認識を聖書研究によって深めようとした。にもかかわらず一五二五年蜂起した農民たちと戦い、すでに以前ウルリヒ・フォン・フッテンとフランツ・フォン・ジッキンゲンとも戦ったように、トマス・ミュンツァーに軍隊でもって対抗した。

ヘッセンの宗教改革にとって決定的であったのは一五二六年である。シュパイエル帝国議会の決定は、それぞれの等族が信仰の問題に関して神と皇帝の前で責任を負うことができるかのように見なすことを許し、フィリップはこれを契機として方伯領における教会関係を一新した。一〇月にはホムベルク・アン・デア・エフツェで教会会議を開催し、教会規則を決議した。しかしルターは異議を唱え、ゆっくりと行動に出ること、宗教改革を第一に教育が課題であると理解することを勧めた。フィリップはルターの忠告を建設的に受け止めた。同時にザクセン選帝侯領では、「巡察」（Visitation）によって福音主義説教が確かなものとなった。神学者と法学者が方伯の委託を受けて諸教会を訪問し（ラテン語でvisitare）、教会の位置関係を調査し登録し、牧師たちに宗教改革の教義を義務づけた。福音主義の役人と牧師養成のために、一五二七年マールブルク大学が創立された。修道院は解体された。

　フィリップは当初から、宗教改革のための戦争をいとわないような支持者だった。一五二六年彼はザクセン公ヨハンと同盟を結び、一五二八年、戦争の危険をもたらすように思われた古い信仰を持つ諸侯に対し、予防的に攻撃するという考えを抱いた。フィリップが目指していたものは、チューリヒを含んだすべての福音主義勢力の同盟だった。しかしルターとメランヒトンは教義の一致が政治的軍事的同盟の前提条件だと考えていたため、これに反対し、まとまらなかった。そこでフィリップは一五二九年、マールブルク会談を提案した。彼はヴィッテンベルクの者たちに、ツヴィングリも来ることを隠していた。そうでなければルターは全く来ようとはしなかっただろう。会談にはフィリップも同席し、共に動向を見守ることを望んだので討論はドイツ語で行われたが、学者たちにとってラテン語でのみ正確に表現できるような難解な神学の諸問題をドイツ語で語ることは、目に見えて困難なことだった。ルターはツヴィングリのスイス方言を理解できなかったので、いくつかの発言を誤解するといった行き違いも起こった。フィリップが掲げた目標は達成されなかったが、この出来事は歴史に記された。

アウクスブルク帝国議会でフィリップは、アウクスブルク信仰告白を支持した。引き続きシュマルカルデン同盟の創設を促進し、ザクセン選帝侯とならんで同盟の二大重要人物となった。シュマルカルデンの名と会議場は、ヘッセンとザクセン選帝侯領が宗教改革の二つの重要な地であった事実の現れである。シュマルカルデンはヘッセンの領土内にあり、ザクセン選帝侯領とヘッセンの隣接する地域であった。

一五三四年にフィリップは、宗教改革にとって重要な勝利を軍事力によって得た。彼は殺人と領土の平和を乱したために自分の領土から追放されていたウルリヒ公を、ヴュルテンベルクに戻らせた。フィリップはハプスブルク家がヴュルテンベルクから得ていた利益を抑止するために、カトリックのフランスへの援助を求めることをためらわなかった。ウルリヒは漂泊していた時期に宗教改革支持者となり、領土への帰還後ただちに宗教改革を導入した。一五三六年にヴュルテンベルクはシュマルカルデン同盟の加盟者となった。

同じく一五三六年、フィリップはヴィッテンベルク一致信条によって、さらなる成果を収めた。信条は聖餐の問題に関して、少なくともブツァーは同意することができた妥協規定を見出すことに成功し、この規定はシュトラスブルクがヴィッテンベルクの宗教改革に加わるための障害を取り除いた。にもかかわらずチューリヒは加わらなかった。多くの者にとってつまずきとなったルターの見解では、聖餐においてキリストの身体の臨在は実体あるもので、聖餐執行者と受領者の信仰には依存しない。「不信仰者」もまたキリストの身体を受け取る（manducatio impiorum）ということについてもルターは語ったが、これは「不信仰者」ではなく、「それを受けるに値しない者」（manducatio indignorum）というところにまでやわらげられた。

後にヘッセンにおいて一五三九年公式に導入された堅信礼（Konfirmation）に、この考えが示された。宗教改革教会では〔秘跡としての〕堅信（Firmung）を、聖書に根拠がないことを理由に廃止した。幼児洗礼に対する再洗礼派の批判によって、キリスト教信仰のために自覚を持った決断の行為が必要であるという問題が認識された。ブツァーは特別な方法でこの問題を受け止め、洗礼告白の繰り返し、とりなしの祝福行為、按手礼を用意する規則を作った。そしてこの堅信礼が、教会員として加入し聖餐に参加する許しと結びついていた。にもかかわらず疑問であるのは、ヘッセンだけでなく他の教会規則にも用意された教会での堅信礼が、実際に行われたかということである。正しく継続的に堅信礼が達成されたのは、いずれにしてもようやく一五〇〇年以上経って、敬虔主義の影響下だった。

今日の目からすればネガティヴなものであるフィリップの決断の一つ、聖エリーザベトの墓所の破壊と聖遺物除去は一五三九年に行われた。一三世紀のテューリンゲンのエリーザベトは、アッシジの聖フランチェスコから霊感を得て、自己献身に満ちた病人の看護を始め、生前すでに聖者としての評判を確立し、ヘッセン方伯家の先祖であり領土の守護聖人でもあった。遺骨はマールブルクの、彼女のために特別に立てられた巡礼教会にあった。後期中世に人気のあった聖人たちの一人で、福音主義の立場からも彼女への嘆願や崇拝ではない尊敬は同意しうるものだった。メランヒトンはフィリップが署名したアウクスブルク信仰告白の中で、福音主義教会において聖人は尊敬されるべきであると説明した。これを顧慮せずにフィリップは一五三九年、自分も個人的に参加していたマールブルクにおけるエリーザベト崇敬を暴力的に終了させ、聖遺物の持ち去りと破壊を目論んでいた。それとは対照的にマルティン・ルターとカタリーナ・フォン・ボラは一五二七年に生まれた彼らの長女にエリーザベトという名を与えていた。その時おそらく彼らは洗礼者ヨハネの母だけではなく、この聖人のことも考えたであろう。いずれにせよメランヒトンは命日である一一月一九日が来る度に定期的に彼女のことを思い、「敬虔な方伯夫人」として評価した。自らの勢力圏においてフィリップは彼女と直接に結びついているにもかかわらず、彼女をもはや先祖と認めなかった。病人と貧者を保護する宗教改革の新秩序の枠内で、彼はゴルナウ、ハイナ、メルクスハウゼンとホーフハイムのかつての修道院に男女別慈善院を建てた。それにより貧者と病者の保護を、自らの領土において当時では例のないほど高いレベルまで推し進めた。

　フィリップは宗教改革で最も成功を収めた政治家の一人である。しかしながら彼は同時に、皇帝がプロテスタントに対して戦争をしかけることはできると考え、事実戦端を開いたことに共同責任があった。理由はヘッセン方伯の私事にあった。フィリップは一五二三年に身分の釣り合ったザクセン公家のクリスティアーネ、髭公ゲオルクの娘と結婚した。この結婚にはすべての君公が婚姻を結ぶ時に最も重要な、支配者一族の考慮が働いていた。すべての君公同様、フィリップが自由な恋愛生活を妻以外の女性たちと過ごすのに問題はなかった。若い宮廷女性マルガレーテ・フォン・デア・ザーレとの、特に親密な関係が発展していった。しかし他の君公とは異なってフィリップは自分の行いに罪の意識を覚えた。彼は福音主義信仰を実際に確信と共に信奉する者で、宗教改革の教義を真面目に受け止めていたし、個人的行為がもたらす結果に関しても同様だった。苦悩のためフィリップはもはや聖餐に参加することもできなくなった。彼は逃げ道を求めてブツァー、メランヒトン、ルターを頼った。宗教改革の神学者たちは彼に秘密の二重結婚を勧め、そのための聖書的根拠を提供した。旧約聖書の族長たちは幾人かの妻を持っていたし、イエスも多重婚を明白には否定しなかった。フィリップは心が軽くなり、罪の告白に対する忠告への感謝としてルターにラインワインを一樽贈った。

二重結婚は、宗教改革者にとっては福音主義の混乱と不都合を避けるため、秘密裏に行われるべきだった。しかしそうはいかなかった。一五四〇年五月四日フィリップは第二の妻と結婚し、そのことはすぐに知れ渡った。重婚は帝国法によれば死罪であり、皇帝は宗教改革の政治的指導者であるこの男に対して裁判を起こした。スキャンダルは明白で途方もないものであった。ルターがことを軽視している間に、メランヒトンはあまりにも大きな罪意識のために、ちょうどハーゲナウ宗教会談に行くところであったのだが、死を意識するほどの重態となり、自らもまた死を望んだ。彼はまさにここで生じた、宗教改革が危機に瀕している状態に自分も共同責任があると感じていたのである。

フィリップは重婚裁判から目をそらすために、皇帝との対話と妥協点を求めざるをえなくなった。一五四一年六月一三年彼は皇帝に屈伏し、皇帝に対抗して今後いかなる同盟も結ばないと約束した。それまで大きな成功をおさめた、シュマルカルデン同盟の指導者の勢力は削がれた。皇帝は戦争を敢行することができ、一五四六年に開戦した。一五四七年六月一九日、それ以前に帝国追放刑が宣告されていたフィリップは、皇帝に捕らえられた。これによって皇帝はフィリップの義理の息子であるモーリッツ・フォン・マイセンに与えた約束を破り、これが後にモーリッツの皇帝への裏切り、諸侯戦争の原因ともなる。フィリップはニーダーラントのメヘレン〔現在はベルギー〕で五年間捕囚生活を送った。まだ手元に置いていたエリーザベトの聖遺物を彼は一五四八年にしぶしぶ差し出した。しかしそれは最終的には散逸し、もはや今日はっきりと確認することはできない。ヘッセンの聖女の頭部聖遺物はそうこうするうちに、複数になっていた。敗者としてフィリップは一五五二年故郷に帰った。かつての影響力を二度と得ることはできず、またそうしようともしなかった。彼は領土をクリスティアーネとの結婚によって生まれた四人の息子に分割した。マルガレーテの息子たちは官職を与えられた。ヘッセンはドイツ政治において長い間存在感を失った。フィリップは一五六七年三月三一日にカッセルで死に、同地のマルティン教会に葬られた。

この地域に今も残るフィリップの功績として教育政策が挙げられる。一五二七年に彼は総じて最初の福音主義の高等教育機関として、二〇世紀以来彼の名を冠しているマールブルク大学を創設した。その際、福音主義大学に与えられることはなかった教皇の特許状をあきらめた。もちろん一五四一年になって初めて求めた皇帝の特許状で十分であった。マールブルクの地は地理的中心に位置する街であったので、一五二四年以来宮廷裁判所が置かれ、それによってまた領邦の精神的中心にもなったために選ばれた。大学の資金は廃止された修道院の財産から調達され、用地として修道院跡地が当てられた。

大学には方伯領で未来の牧師を養成することが求められた。宗教改革以前の聖職者の教育水準は、ほとんどの者が大学教育を受けなかったために低かった。すべての新米聖職者のための大学教育はすでに一五世紀半ばに求められていたが、現実は違っていた。だが宗教改革にとって、教育を受けた牧師は絶対不可欠だった。

マールブルクでは医学、法学と神学の、当時すべての学問が教えられた。語学と数学は中世の伝統に従って基礎課程に組み込まれた。当然ラテン語とならんでギリシャ語とヘブライ語も教えられた。多くの教授が人文主義の影響を受けヴィッテンベルクで学んだ。神の言葉はフィリップの意志によって、すべての学問にとっての最高の指針だった。この指示への違反は教授たちを解雇の恐怖で脅かした。フィリップは大学を創立しただけでなく、今日まで比べるもののない奨学金制度を一五二九年に設置した。資産のない才能ある学生たちも同様に、こうして大学で学ぶことが可能になるべきだった。一五四六年以降、奨学生たちは同じ一つの建物で共同に生活した。マールブルクの奨学金協会は、後に創設されたものの模範となった、しかし結局歴史的により重要なのは「テュービンゲンのシュティフト」である。この二つの施設は変化しつつも今日まで続いている。

方伯は専門教育のみを視野に入れていたわけではなかった。彼はそれ以上に、ルターが一五二〇年代の数多い宗教改革文書で提案したような教育機関を、領土内に広く設置した。ヘッセンの村々では神学の基礎的授業が行われ、すべての大小の街にラテン語学校か地域学校が設置された。女子のためには都市と村のドイツ語学校で教育の機会が与えられた。

フランツ・フォン・ヴァルデック

宗教改革はその支持者をザクセン選帝侯やヘッセン方伯のような世俗の諸侯の中に見出した。聖職者諸侯の中で宗教改革への支持を展開させていく者は少なかった。しかし、この反例としてフランツ・フォン・ヴァルデックが挙げられる。

聖職者諸侯は司教であり、教会単位としての教区（Bistum）あるいは行政単位としての教区（Diözese）内で彼の教会的権力とならんであるいはそれと共に、諸侯としての教区において政治的権力をも行使した。この宗教的権力と世俗的権力の結びつきはドイツ特有のもので、一〇世紀のオットー朝時代にまでさかのぼり、一九世紀初めまで存続した。教会単位と行政単位としての司教区という教会的政治的支配領域は完全には一致せず、大きさも境界線も異なるものだった。問題と利益の衝突は必然の結果だった。司教は聖職者として誰も殺してはならなかったが、領主としては戦争を主導し死刑を執行した。通常は政治的利益が優先され、教会の職務執行が滞ることになった。

宗教改革と関係を持つのは大きな危険を伴ったので、領主司教が改革に共感することはまれであり、支持はわずかしか得られなかった。世俗的君主は宗教改革によって教会制度を手の内に収め、それによる権力強化を期待できたし、領土内を統一し教会財産を取得することもできた。しかし領主司教は、教会をすでに自分の支配下に置いていた。

先に述べたブツァーに援助されたケルン選帝侯ヘルマン・フォン・ヴィード、ミュンスターとオスナブリュック司教とならんで、フランツ・フォン・ヴァルデックは宗教改革に共感した数少ない聖職者諸侯の一人だった。

フランツはおそらく一四九一年伯爵家に生まれ、その支配領域であるヴェストファーレンは、多くの境界線が接していたためにヘッセン北部と結びついていた。フランツは長男ではなかったので聖職者としての生を定められ、ルターと同時期にエルフルト大学とライプツィヒ大学で学び人文主義の影響を受けた。一五一〇年にケルンで司教座教会参事会会員として最初の聖職を受け、さらに続いてトリーアとパーダーボルンでもさらなる聖職を得た。聖職の集積は結果として恒常的な不在をもたらし、それは例外的なことではなく聖職保持者にとって普通のことだった。アルブレヒト・フォン・マインツも同様だった。職務に結びついた仕事をわずかな報酬によって他の者に果たさせ、職務による収入を享受した。フランツは次々と聖職録を集めていった。マインツでは司教座教会参事会員、アインベックでは司教座教会主席司祭となった。

一五二一年フランツはヴォルムス帝国議会に、従兄弟であったヴィルドゥンゲンのフィリップ四世の同行者として参加したが、おそらくルターと個人的には出会わなかっただろう。フィリップはさっそく少し後にルターの熱烈な支持者となり、一五二五年ヴァルデックへの宗教改革導入に関する衝突があった。フランツはそれに反対し、新たな教義をまだ拒絶していた。彼は一五二三年に居住していたアインベックで、新たな教えを支持する説教者たちと対決した。彼の管轄範囲に含まれていたベルギーのリュトリングハウゼンで、宗教改革の考え方を支持するかつてのヴェーゼルラテン語学校の副校長、アドルフ・クラーレンバッハに対して介入した。一五二八年彼は逮捕され、一五二九年ケルンで火刑に処せられた。

一五三〇年フランツは最初の司教職をあまり重要でない司教区ミンデンに得た。その年さらにフィリップ・フォン・ヘッセンが彼を空席となっていたトリーアの大司教と選帝侯に推薦したが、これはうまくいかなかった。しかし巧みなフィリップの影響力行使によって一五三二年七月一日ヴェストファーレンのミュンスターと、一五三二年七月一一日のオスナブリュックでの司教選挙では成功を収めた。フィリップの計画ではフランツはさらに同様にちょうど空席となったパーダーボルンの司教職を得るはずだったが、失敗に終わった。しかしミンデン、ミュンスター、オスナブリュックの司教として、フランツは広く尊敬される強い影響力を持つ、豊かな男だった。ルター派的な傾向を彼はそれまでの間におそらく得ていたが、しかし個人的な栄達が彼には重要だった。霊的に自分の職務に何を認めることができるかを理解しておらず、一五四〇年初めて司祭として叙階され、一五四一年になってやっと司祭叙階式を行った。もしかしたら彼の秘密の目的は、自分の教会領での変更を、まとまった世俗領域に及ぼそうということだったかもしれない。福音主義の信仰は、彼にとってただ目的を達成するための手段であったのかもしれない。しかしこれは他の領主たちと違わない。だがフランツは貴族出の学生に推薦状を与え、ルターのところで学ぶためにヴィッテンベルクに送った。もし未来がヴィッテンベルクの神学のものであると確信していなかったならば、そうはしなかっただろう。

フランツ・フォン・ヴァルデックは一五二三年から、アインベックの亜麻布商人の娘であるアンナ・ポルマンという女性と同棲し、彼女との間に記録上八人の子を得た。その他に名の伝わっていない女性との間に、もう一人の子がいた。正式な結婚をしたことは一度もなかったが、一五四〇年フィリップ・フォン・ヘッセンと、秘密結婚の可能性について話していた。だがこの考えをさらに追求しようとはしなかったようである。彼は自らの貞潔の誓いに背く、当時の人々が「乱れた結婚」と呼んだ内縁関係にあり、さらに彼の司教区内で配下にあった聖職者の約半数も同様な生活をしていた。アンナ・ポルマンとフランツは彼が死ぬまで共に過ごした。彼女は彼の四年後に死んだ。息子二人は後に福音主義のマールブルク大学で学んだ。一家が主に暮らした場所はオスナブリュックに属するイーブルクで、そこにポルマンは司教邸敷地内に独立した一軒家を持っていた。

一五三〇年代にミュンスターだけでなくオスナブリュックでも、フランツは宗教改革を定着させた。オスナブリュックでの経緯よりもミュンスターでの出来事の方がよく知られている。彼は選挙に際してローマ・カトリックの教えを守り、ルター派の教義を抑圧する義務を負っていたにもかかわらず、その数か月後フィリップ・フォン・ヘッセンの影響によって市参事会に、六か所の小教区教会に福音主義説教を許容するように、という意志を伝えた。ミュンスターでの宗教改革は急激に進み、オランダから逃げて来た再洗礼派が街に入るという、後に重大な結果をもたらす事態が生じた。彼らは「ミュンスター再洗礼派王国」、神権独裁体制を設立した。

ミュンスターで宗教改革の教義は一五三一年に助任司祭、以前シュトラスブルクも訪れたベルンハルト・ロートマンによって定着した。二年後ミュンスターの教会では、ほぼ福音主義説教だけが行われるようになった。市参事会では新たな選挙で、ルター派である多数派が勝利を収めた。オランダで迫害を受けた再洗礼派がそこから移住して来た。この状況下でさらに再び、シュトラスブルクがミュンスターに影響力を持っていた。シュトラスブルクには一五三三年夏以降、オランダでよく知られた再洗礼派の指導者であるメルキオール・ホフマンが投獄されていた。カタリーナ・ツェルは、一五三四年に世界の終末が来ると予告していた彼を訪問した。彼はミュンスターがその出来事の中心舞台になるとも公言し、この言葉はその地の人々の耳目を集めた。オランダ人のホフマン支持者たちは、洗礼を受けさせるために人々を呼び集めた。ロートマンはこの呼びかけに応じた。オランダ人のパン屋ヤン・マッティスは、神に背く者たちの絶滅をこの世の終末において用意することを求めた。ライデンの仕立屋ヤン・ボッケルソン（ボイケルツ）が王として告示された。

街の最高位の支配者である司教は、この緊迫した状況をもはや傍観してはいられなかった。一五三四年二月フランツ・フォン・ヴァルデックはフィリップ・フォン・ヘッセンの軍隊の援助を得て、街を包囲攻撃した。外部からの圧力は内部での過激化をもたらした。世界の終末における生活形態を先取りして財産共同制が打ち立てられ、放埒な性関係、いわゆる一夫多妻制が導入された。一五三五年六月の終わり、攻撃中の包囲軍は寝返った者たちによって街の中に導かれ、大殺戮を行った。ほとんどすべての戦闘能力を持った男たち約一五〇〇人が殺害された。フランツはミュンスターを彼がフィリップに与えた約束に反して、完全に再カトリック化した。再洗礼派の指導者は生きたまま捕らえられ、数か月にも渡って拷問を受け見世物にされ、最後に灼熱した火箸によって責め殺された。彼らの遺体は見せしめとして鉄の檻に入れられランベルティ教会の塔に吊るされた。原則として平和的な再洗礼派運動を、このミュンスターの出来事が大きく損なった。

ミュンスターでの事件ほど劇的なものではないが教会史において長期的な影響をもたらすものとして重要であったのが、フランツ・フォン・ヴァルデックにとって二番目に大きな教区であったオスナブリュックでの出来事だった。ここで宗教改革はすでに一五二一年ルターと同じ修道会の修道会士であったゲルハルト・ヘッカーが福音主義説教を始めた時、一時的に足場を固めた。この街で働いた他の宗教改革者として、すでに殉教者として言及したアドルフ・クラーレンバッハ（一五二六年）とディートリッヒ・ブートマン（一五三二年）がいた。決定的であったのは一五四三年であり、近郊のクアケンブリュックに生まれ、以前リューベックの宗教改革を成功させるのに働きのあったヘルマン・ボヌスの、この街における活動であった。ルター派教会規則が導入され、すぐに市内ではルター派の説教のみが行われるようになった。ルターとメランヒトンは感激して、ボヌスを励ます手紙を書いた。リューベック市に召喚された時、宗教改革を受け入れる気のある司教を見殺しにしたくなかったボヌスは、ルターに留まりたいと訴えた。ボヌスの特徴として、福音主義のやり方で聖人崇敬を発展させるための努力が挙げられる。オスナブリュックでも穏健な形式での聖人記念が、継続して実施されていた。都市郊外にあった修道院は解散させられなかった。しかし以後の展開は行き詰まった。憂慮しつつフランツ・フォン・ヴァルデックは、ケルンでの危険をはらんだ動向を見守っていた。彼はあらゆる方向性を探り、一五四五年にはシュマルカルデン同盟の会議に参加さえした。一五四六年にオスナブリュックは古い信仰の立場を再び宣言した。フランツ・フォン・ヴァルデックは告発され、ケルン大司教から破門威嚇を受けた。ローマに来るようにとの教皇の要請に、彼は従わなかった。だが一五四八年五月一二日、フランツ・フォン・ヴァルデックは公式にすべての宗教改革的変更を撤回した。一五五二年の諸侯戦争の後、教派的対等関係を停止した。

オスナブリュック領主司教領の宗教改革は完成されなかったが、もはや抑え込まれることもなかった。領主司教領は教派対等であり、それは維持された。街と村に福音主義とカトリックのキリスト教徒がいた。そしてそれどころか、司教を選挙したオスナブリュックの司教座聖堂参事会の中には、後に信仰を告白したルター派の者もいた。結果として何回も福音主義貴族が選ばれた。一六四八年ヴェストファーレン講和条約で、司教領摂政は宗派間で交互に交代する権利を承継すべき原則にまで高めた。一八〇二年までルター派とカトリックが交代し、ルター派ではいつもブラウンシュヴァイク＝リューネブルク家から出ていた。オスナブリュックはそれにより、初期近代の寛容の歴史の重要な一要素となった。

その他にミュンスターがオスナブリュックと異なる点は、ミンデンとの関係である。この街はすでにフランツが司教に就任する以前に、確かに福音主義の手中にあった。彼の第三の、比較的重要でない司教区にフランツはあまり注意を払わなかった。フランツは帝国議会にも興味を持たなかった。彼自身としては一度も参加しなかったにもかかわらず、全権委員を派遣した。同様にトリエント公会議にも欠席して目立ったが、第二会期には代理人を送った。

とらえどころのない、宗教改革時代において全く非典型的な人格を持つフランツ・フォン・ヴァルデックは狩りのため遠出した一五五三年七月一六日、ミュンスター近くのウォルベック城で死に、ミュンスター大聖堂に葬られた。同時代の資料によれば、彼は臨終の秘跡なしに「真のルター主義者と（ルター派が異端とした）聖餐におけるキリスト臨在否定論者として」この世を去った。しかし他の報告では、もう一度聖餐を「心からへりくだって」受けたと伝えている。彼が四半世紀前のフリードリヒ賢公のように二種陪餐を受け、それによって明白に宗教改革を認めたかどうかは定かではない。

ユダヤ人

ユダヤ人は後期中世において、初期近代と同じく広範な無権利状態に置かれた少数派であり、儀式殺人、ホスチアの冒瀆、泉に毒を入れた罪による追放によって脅かされていた。一つの区切りとなったのが、中世にはキリスト教徒、ユダヤ教徒、ムスリムの間で比較的寛容な共住（convivencia）が発展したスペインで、一四九二年に起きた迫害だった。迫害はユダヤ人の間に救世主（メシア）への期待を呼び起こした。洗礼を受けたユダヤ人に対して、その後もユダヤ的に生きようとしているのではないかという疑いが生じたため、盛期中世異端迫害を目的として創設された教会の機関である、異端審問所が介入した。カール五世統治下のスペインでも、千どころか何千もの異端審問手続が行われた。多くは被告が公開で火炙りになることで終わった。一六世紀のスペインでは、官吏採用や修道会入会の際にユダヤ人の先祖がいないことを示す、「純血」証明書を要求することが次第に一般的になった。ローマのユダヤ人も、それほどよい状態ではなかったようだ。教皇パウルス四世は前述のタルムード禁止令を実効性あるものとし、一五五五年ユダヤ人に対し高い塀で取り囲まれ閉鎖された居住区に入るように命じた。最初のゲットーが作られたのである。

ロスハイムのヨーゼル

後期中世、ユダヤ人はドイツの多くの街や領邦から追放された。宗教改革発祥の地であるザクセン選帝侯領にも、すでに一四三二年以降ユダヤ人は住んでいなかった。彼らが逃げ延びていった地はアルザスであり、その地の小貴族は彼らから経済的金融的利益を得るためにユダヤ人共同体を守った。おそらくこの帝国都市ハーゲナウで、一四七八年前後にロスハイムのヨーゼルは生まれた。本名はヨゼフ・ベン・ゲルションといい、またヨセルマンとも呼ばれたが、しかし後に彼の活動地であったアルザスのロスハイムにちなんでそう言われた。彼はラビであり、一五一〇年から下アルザスのユダヤ共同体の責任者として働いた。一五二九年から五五年の間、ドイツに住むユダヤ人の宗教的かつ政治的指導者であった。そして多少独りよがりに彼らの「指揮官」と自称していた。ほぼすべての帝国議会に出席し、ユダヤ人とその利益のために皇帝、諸侯と話し合い、カール五世との近しい関係を維持した。しかし一五四〇年に「全ユダヤ人の支配者」として請願書を提出したために、彼は帝国最高法院から罰金刑判決を受けた。この称号がユダヤ人にふさわしくない、決定権を持った公式の役職であるという印象を与えたからだった。ヨーゼルは大変教養があり、彼が受け継いだスペイン系ユダヤの道徳哲学について倫理的概説書を書いた。そのため人文主義者の一人として数えられ、ユダヤ人人文主義者とも呼ばれている。初期近世においてユダヤ人文主義の中心地はプラハ市街にあった。

ヨーゼルは宗教改革の出来事にまず興味と好意を持った。何度か彼はシュトラスブルクに、人文主義者として短くカピトと呼ばれていた宗教改革説教者、ウォルフガング・ケプフェルを訪ねた。キリスト教徒になろうかと考えたのではなく、宗教改革の使信に興味があったのだった。両者は同じ土地に同時代に生まれたので、個人的にも近い関係にあった。すでに幾度か述べたように、カピトは一五二三年からシュトラスブルクで、ロイヒリンとならぶヘブライ語学者として働いていた。ヘブライ語原典に基づき、ユダヤのラビ文献とヘブライ語文法を収集した聖書注解書を出版した。彼は重点的にユダヤに関する学問的な仕事に取り組んでいたが、距離を保っていた。ユダヤ教を最終的には人間理性に基づくものであり、それゆえに宗教としては誤っていると見ていた。彼の見解によればユダヤ教の文書は真理を含んでいるが、文書から真理は見分けられていなかった。ユダヤ人が最終的には改宗し聖なる地に帰還すると信じており、一五二八年のホセア書注解にもそのように記した。祝福された氏族出身であるユダヤ人をキリスト教徒は迫害してはならず、慈悲深く友好的に付き合うべきであった。直接の宣教努力をカピトは求めなかった。

　カピトのような宗教改革者との出会いは、実際ヨーゼルに宗教改革の友好的なイメージをもたらした。ユダヤ人たちは彼らと宗教改革者の宗教的見解との間に、明らかに共通するものを見出した。さらに礼拝における聖書への集中、字義に基づいた聖書解釈、言葉に重きを置いた宗教的実践、敬虔を形に表した中心としての祈り、聖人崇敬の否定、全実体変化の教義に対する反論、聖像崇拝への非難と、信徒が後見を必要としない存在であることなどである。同様に特権的聖職者階級の権力を無力化すること、修道制と距離を置くことは、宗教改革をユダヤ教化したキリスト教のようにも思わせる。ユダヤ人たちは今やキリスト教徒がユダヤ的信仰に同調するのではないか、そしてルター自身が隠れユダヤ人なのではないかという期待を抱いた。ユダヤ教に近いことで宗教改革について、対抗者たちはありもしないことを言った。従来の諸教派の者たちはユダヤ人に宗教改革の罪までも押し付け、ルターを半ユダヤ人と中傷した。

　若干のユダヤ人は宗教改革をメシア待望と結びつけ、ルターをメシアのために道を開く者、メシアス・ベン・ヨセフ、戦うメシア、メシアス・ベン・ダーヴィッドの先駆者と解釈した。新時代に関するヨーゼルの楽観主義は、一五三〇年にアウクスブルク帝国議会で提示された経済問題におけるユダヤ人の自己責任、という規則に表れている。彼はこれを「私たちもまた全能なる神によって、あなたがたの地にあなたがたと共に生きるために創造された人間である」という人間としての共感で締めくくられたアピールで終えた。カトリック主導の帝国議会は一五三〇年に、ユダヤ人の「身体と生命」の保護と彼らに洗礼を強制することに対する反対を表明した。

アウクスブルク帝国議会の際、ヨーゼルは改宗ユダヤ人がユダヤ教信仰について書いた本をめぐる論争に巻き込まれた。一五三〇年、アウクスブルクでアントニウス・マルガリータが書いた『ユダヤ人信仰大全』が出版された。マルガリータは一五二二年にバイエルンのヴァッサーブルクでキリスト教に改宗した。タルムード教師の孫であり、有名なレーゲンスブルクのラビ、サムエル・マーゴリスの息子であった。一四九〇年代に生まれたマルゲリータはアウクスブルクで、後にライプツィヒとヴィーンでヘブライ語の講師として働き、一五四二年に死んだ。著書でマルガリータは詳細にかつ専門知識に基づいてユダヤ教の祈りと儀式について論じ、またそれによって初期近世のユダヤ教の宗教生活について重要な洞察を与えた。しかし元ユダヤ教徒であった彼は同時に、二三年前のプフェファーコルン同様に、彼のかつての同信者がキリストを死刑にしたこと、キリスト教徒たちを彼らの信仰から取り除きキリスト教的支配機関を根絶することを意図していたと主張した。マルガリータのこの非難を、ヨーゼルは特に一四世紀以来アシュケナージの典礼で毎回礼拝を締め括るアレヌーの祈りと、一八の請願の祈りからなる「異端者の祝福」(Birkat Ha Minim)と結びつけた。定評ある業績を持つ、人文主義的に教育された読者にふさわしいこの著作は、爆発的な売行きを示した。すでに一五三〇年には第二版が刊行され、一五三一年さらに二つの版が続いた。一五三〇年早くも皇帝にまでこの本は知られていた。この本の内容に激怒したカール五世は、アウクスブルク帝国議会において、学識者委員会の前でマルガリータの告発に反駁するよう、ロスハイムのヨーゼルに要求した。ヨーゼルはキリスト教知識人と皇帝を説得することに成功した。マルガリータはこのため捕らえられアウクスブルクから追放された。

自分の生地ロスハイムのために、ヨーゼルは農民戦争に際して貢献できた。暴動を起こした者たちは教会に対してのみならずユダヤ人にも敵対的で、修道院だけではなくユダヤ人住居も略奪した。一五二五年の四月アルザスには一万五千人の屈強な農民の男たちが宿営し、街々を襲撃していった。指導者の一人モルスハイムのエラスムス・ゲルバーは、翌日に農民たちがロスハイムを襲撃しようとしていることを同地に滞在していたヨーゼルに知らせた。何がゲルバーのこの行為のきっかけであったのかは知られていない。このユダヤ人は市長のもとに急いで駆けつけ、このことを知らせ市の門を固く閉じるように警告した。奇襲は無に帰したが、新たな攻撃が迫っていた。そこでヨーゼルは農民たちを訪ね、彼らの指導者と交渉した。金銭を与えることと引き換えに、彼に隊長たちはこの街をもう襲わないと書面で約束した。ゲルバーはまた将来総じてユダヤ人たちに危害を加えないと約束したが、反乱者たちはそれを達成することはできなかった。数週間後ゲルバーは捕らえられ、処刑された。

一五三七年ヨーゼルは、カピトとシュトラスブルク議会の助けによってルターに書面で、彼の領主であるザクセン選帝侯に対して、ユダヤ人を弁護してくれないかと依頼した。これはつまりその前年一五三六年、ユダヤ人に選帝侯領内の滞在と、同様に旅行のための通過を禁じる命令が出されたためである。ルターはこれを断り、ヨーゼルに冷笑的で上辺だけは友好的な手紙を書いたが、その中で彼はおよそ実際の案件には立ち入らず、それどころかヨーゼルが全く言及していなかったメシア問題についてのユダヤ人の立場を退け、回りくどい言葉で説明した。いわく、ルターの側の「好意」の証としてユダヤ人たちには今後とも「頑なな拒絶」を与える、「もし彼がここで助けを与えたなら」彼らの「キリストの否認」はさらに固くなるだろうから。

彼らは自らの関心事を他の仲介者に持ち込んだ方がよい。つまりルターは神学的な理由によって、あらゆる援助を拒絶したのである。

ヨーゼルは類似の案件に関して、メランヒトンと一五三九年フランクフルト・アム・マインの選帝侯会議の際に行った会談によって、より成功を収めた。このユダヤ人は、この宗教改革者がユダヤ人たちのためにブランデンブルク選帝侯領で尽力する、というところまで達成した。そのために選帝侯ヨアヒム一世は一五一〇年に起きた殺害と追放が不法なものであったと認定し、ユダヤ人たちが復権しブランデンブルクに再び入ることを許可した。メランヒトンとヨーゼルは、すでにお互い一五三〇年アウクスブルク帝国議会の際に知り合っていた。そこでメランヒトンもまた、ユダヤ教―キリスト教間の、「イザヤ書」五三章の贖いの苦難を受ける、神の僕の歌に関する宗教会談に参加し、この会談をアウクスブルクの宗教改革者ウルバヌス・レギウスと、プラハのラビであったイザーク・レヴィたちと共に主導した。

しかし同郷のアルザス出身者ブツァーとヨーゼルは争った。ブツァーはユダヤ人の取り扱いについて、現実的な提案をしたことで目立っていた。一五三〇年代に彼はヘッセンでユダヤ人問題に関する討論に参加し、領主の方伯フィリップにユダヤ人規則を作ることを勧めた。それはユダヤ人に強制的にキリスト教の説教に行くよう命じ、シナゴーグの新設を禁止するというものだった。金融業者と商人として働いてはならず、ただ下級の重い肉体労働、樹木の伐採、炭焼き、そして下水溝掃除のようなことをすべきだった。しかしフィリップはブツァーに従ってユダヤ人規則を作ることを、まだ一五三九年にはしなかった。彼は引き続いてヘッセンに住みたいと希望するユダヤ人に対して、ただきっぱりとタルムードから距離を置くことだけを期待した。一五三九年にブツァーは『ユダヤ人について』という小冊子を発表し、ユダヤ人は「教皇主義者」とトルコ人と共に福音主義者を迫害するであろうと主張した。ヨーゼルはこれに『ブツァーの小冊子に対抗する彼の〔ユダヤ人〕兄弟宛の慰めの書』で答えた。

結局のところ宗教改革は、例外は別にしてユダヤ人に友好的には考えなかった。偶然ルターが説教していた教会で発見された、吐き気を催させるような反ユダヤ的戯画『ユダヤの豚』は、ユダヤ人を豚の乳を吸う者、その肛門にキスし尿を飲む者として描いた。(図8)。ヴィッテンベルク街教会に今日も見ることのできる一四世紀初めの彫刻作品は、銅版画としても印刷画としても再生産されたのだが、宗教改革者を「ユダヤの豚」に対して攻撃するように駆り立てた。最晩年にルターは数多くの邪悪な反ユダヤ文書を出版し、シナゴーグを焼き尽くすこと、追放と強制労働とを求めた。もっともヴィッテンベルク自体にとってこれは、もうこの街にはすでに長いことユダヤ共同体は存在していなかったので、結果を伴わないものだった。スイスの改

図８　絵画における反ユダヤ主義：ヴィッテンベルクの「ユダヤの豚」（1600年頃の銅版画）

革者たちは確かにこのような要求をしなかったのではあるが、しかしユダヤ人に友好的でもなかった。大きな例外はニュルンベルクの改革者、同市のクララ修道院をめぐる争いではその不寛容によって否定的な役割を果したオジアンダーであった。ユダヤ人に対しては、彼は寛容に振舞った。ヘブライ語習得のために努力し、カバラと旧約聖書のユダヤ的解釈に取り組み、これらユダヤの諸伝統と徹頭徹尾よい関係を持っていた。それどころか彼は聖書釈義に際して、ギリシャやラテンの教父よりもユダヤ人に耳を傾けることを勧めさえした。たとえば商人たちに法的紛争が生じ、あるいはユダヤ人が洗礼を受けようとした時など、ニュルンベルク在住ユダヤ人の問題の面倒を見た。ユダヤ人ヘブライ語教師のこの街での滞在を助け、自身ユダヤ人の下で授業を受けた。言うまでもなくオジアンダーはユダヤ人たちの世界終末時における改宗を信じていたし、おそらくまさにこの確信が、彼のユダヤ人に友好的な態度のより深い根拠であっただろう。

オジアンダーのユダヤ人に対する興味や共感はよく知られており、それゆえに彼の敵対者は、裏付ける根拠は何もないにも関わらずユダヤの出なのではないかと疑った。このユダヤ人の友オジアンダーは自ら、自分はユダヤ人ではないかと疑い、そしてユダヤ出身のキリスト教徒として、自分は正しいキリスト教徒ではないのではないか、という疑いと闘った。

一五四〇年に血の中傷に対抗する匿名の文書が出版されたが、その著者はオジアンダーであった。この著作にはすでに一五二九年、当時ハンガリーのページングでユダヤ人に対して起こった血の中傷に反論した著作を含むもので、ユダヤ人を擁護する所見である。これはプファルツ伯オットーハインリヒによって印刷され、オジアンダーのために私的な鑑定書が作成された。アイヒシュテットの司教区バイエルンのティッティングで一五四〇年に起きた血の中傷について訴えられたユダヤ人たちは、アイヒシュテットの司教に自らの弁護のためこの文書を提出した。当時すでにオジアンダーが筆者ではないかと推測されてはいたが、ようやく現在になってそれが確定した。

オジアンダーは血の中傷に対して二〇の論拠を挙げ、旧約聖書の殺人禁止と、根本的にユダヤ人が血を忌避していることを参照するよう求めた。ユダヤ人が人を殺したということをそもそも全般的に聞いたことがない、と思い起こさせた。さらに彼は、なぜユダヤ人が、彼らが信じている永遠の生命を失うことになるだろう行為を犯さねばならないのかと問うた。それ以外にも、オジアンダーは拷問が、真実を知るためにふさわしい方法ではないことに注意を喚起した。拷問の苦痛のもとで人間は自らの死を予感し、ただその苦しみを終わらせるためだけに、言うように期待されているすべてのことを口にするだろうから。

現在その著者がオジアンダーであると知られているユダヤ人に友好的な弁護文書に対して、一五四一年に対抗文書が刊行された。著者はヨハンネス・エック、古い信仰の人文主義者、インゴルシュタットのルターの敵対者だった。彼は文書の中で憤慨したユダヤ人の敵と自称し、〔ユダヤ人の〕印を付ける義務、キリスト教徒との接触禁止、ならびにタルムードと他のユダヤ文書の焼却によるユダヤ人弾圧を要求した。利得は禁じられ、キリスト教の説教を聞くことが命じられねばならなかった。当然ながら彼は血の中傷を正しいと判断した。

ユダヤ人の宗教改革に対する期待は、さまざまな点で裏切られた。福音主義教会は多くのユダヤ人にとって残念なことに、古い教会よりもユダヤ人に友好的であることはなかった。ルターが一五四六年に死んだ時ヨーゼルは彼の「魂と身体」が地獄で苦しむようにと願ったし、一五四六年と四七年のシュマルカルデン戦争の間、ヨーゼルと同様に皇帝とそれに伴う古い信仰の勝利を祈ったユダヤ人たちは完全な失望を味わった。ヨーゼルはシュトラスブルクで、ルターの反ユダヤ文書が印刷に回されるのを阻止するという成果を得た。一五五四年頃にロスハイムのヨーゼルは死んだ。

ヨーゼルとその時代について教える資料として重要なものに、彼が一五四〇年代に記した回顧録がある。一五四四年頃に彼は書き始めた。きっかけはヴュルツブルクでのある儀式殺人の中傷で、そこで彼は被告人として名指された。故郷のエンディンゲンで一四七七年、先祖に起きた儀式殺人を思い出し、自分の両親と彼自身が体験したことを記録にし始めた。しかしヨーゼルの回顧録は自伝ではなく、自分自身の人生については語ることの少ない、ドイツユダヤ人の歴史を記録したに等しい年代記である。これは一五四七年に終わっている。この年に起きたさまざまな幸福な変化を、彼は神の業と見た。さらにヨーゼルが書いた本は教育と道徳に関する『獲得の書』(Sefer ha-Mikneh)であり、そこからユダヤ人たちは人生の指針を得ることができる。この本にはさまざまな要素、倫理的ならびに宗教哲学的諸論文、聖書本文の釈義と特にスペイン―ユダヤの知識人のラビの言葉の解釈が含まれている。ヨーゼルはキリスト教に改宗し自分の宗教を裏切ったユダヤ人に激しく論駁した。

エリアス・レヴィタ

ユダヤ人人文主義者としてロスハイムのヨーゼルよりも重要なのが、生まれた時の名はエリヤフ・ベン・アシェル・ハ＝レヴィといい、短くバフールと呼ばれていた、エリアス・レヴィタである。彼はニュルンベルク近郊のイプスハイム出身で、一四六八年あるいは六九年に生まれた。人生の大部分をイタリアで過ごし、パドゥア、ヴェネツィア、ローマに住んだ。ルネサンス期北部と中部イタリアに住むユダヤ人は迫害に遭うことはなかった。一四世紀のポンテのオルドラトゥス、一五世紀のイモラのアレッサンドロ・タルタグヌスのような法律家たちは、迫害は許されない、なぜならユダヤ人に対しても隣人愛に関する律法が適用されるのだから、という見解を主張した。北部と中部イタリアには銀行業を営むユダヤ人大実業家がおり、ユダヤ人たちはキリスト教世界で社会的精神的生活にあずかっていたし大学に通うことすら可能だった。成功したユダヤ人医師たちがおり、ヴェネツィアなどでは書籍印刷業にも携わった。以前ユダヤ人はスペインにおいてアラビア古代とキリスト教文化の仲介を果たした。

バフールは文法、事典、文献批判、釈義と、短編小説のような詩の本を書いた。批判的にユダヤ聖書とその伝承に取り組みユダヤの伝統に反して教え、たとえばヘブライ語のアクセントと母音記号は主張されていたような太古からのものではなく、タルムード時代よりも古くはないという証拠を示した。彼が一五三八年ヴェネツィアで出版した『マソラの伝承』(Sefer Massoret ha-Massoret)は、一七七二年にもなお、プロテスタントの啓蒙神学者ヨハン・サロモ・ゼムラーによって引用された。しかしバフールの知識は、長い間世の中には認められなかった。一七世紀バーゼルの偉大なプロテスタント聖書神学者であったヨハンネス・ブクストルフと、同じ名前の息子も無条件に伝統的意見を支持していた。プロテスタントの「聖書のみ」の原則を守ることだけでなく、個々のヘブライ語のアクセントと母音記号は神の霊によって聖書に与えられたと主張した。

ヴェネツィアでバフールは、フランドル出身のキリスト教徒出版業者で、ヘブライ語の印刷業者として高く評価されていた専門家であるダニエル・ボムベルクと共に、ユダヤ教徒とキリスト教徒に対して等しく商品を製造した。ローマでバフールは一〇年間、アウグスティヌス隠修士会の総長枢機卿ヴィテルボ家のアエギディウス・アントニーニ家に滞在した。彼はバフールをヘブライ語とカバラの研究のために必要とした。この枢機卿は人文主義教育を受けた教会改革の重要な支持者であり、ルターも彼を一五一〇年のローマ旅行で修道会の委託を受けて、かつて確かにバフールがそこで寝泊まりしていた場を訪問した。また後にルターは幾度かこの枢機卿とやりとりをすることになる。

バフールはヘブライ語文献の専門家として評価されキリスト教徒とも交流があったので、パリ大学のヘブライ語教授としての職も提示された。しかし彼はこれを断った。一六世紀初めの大学はあちこちでヘブライ語教師を探し、洗礼ユダヤ人をそのために喜んで雇い、それどころか、まれにではあるがユダヤ教に忠実なユダヤ人をも雇用した。同様にヴィッテンベルクでも、多くのユダヤ人改宗者が、生まれながらのキリスト教徒が講座を担当するに足る知識を得るまでの間、教授職に就いた。

一五四〇年から四一年にかけてバフールは小さな無名の帝国都市、アルゴイのイスニーに住んだ。イスニーで宗教改革は二〇年代に根を下ろし、三〇年代に台頭した。一五三一年この都市はシュマルカルデン同盟に加わり、ミサ停止を命じた。一五三五年にはブツァーが滞在した。一五三七年には同様にシュトラスブルクから来た人文主義者、パウル・ファギウスがイスニーの牧師となった。ファギウスは師であるカピトの下で学びヘブライ語に興味を持ち、カピト同様にこの言語がキリスト教徒にとってユダヤ人への宣教に有用であるという考えを持った。豊かな商人で宗教改革の重要な支援者であったペーター・バフラーと共に、ファギウスは彼の新たな活動地でヘブライ語印刷業の設立を進めた。そのためにファギウスにはユダヤ人の助けが必要であったので、人文主義者であるエリアス・レヴィタをイスニーに連れて来たのである。バフールはヘブライ語印刷業の立ち上げを助け、偉大な中世の思想家、ダーヴィッド・キムヒの詩編注解のような自身の多くの著作を印刷させた。重要な西イディッシュ語の初版本と詩編のイディッシュ語への翻訳は、バフールによってなされた。

ファギウスはユダヤ人との協力に興味を示した数少ない人文主義者であったが、にもかかわらずユダヤ人に対して基本的に敵対的な考えを持っていた。彼はレヴィタを極めて高く、学者としても人間としても評価し賛美していたが、ユダヤ人としてではなかった。ファギウスは、何度も多くの点でレヴィタは「ユダヤ人たち」とは違うのだと、力説した。バフールはただ短い期間しかドイツで活動せず、ファギウスもまたドイツにそう長くは滞在しなかった。ファギウスは一五四九年、ブツァーが再カトリック化の動きが始まった時に逃亡したように、ケンブリッジの旧約聖書の教授職を引き受けた。しかしその地でもまた一度も講義することはなく、同年の内に死んだ。バフールも同じ年にヴェネツィアで死んだ。

バフールも書簡を通じて、ニュルンベルクの改革者オジアンダーと接触があった。オジアンダーとダーはこの友人であるユダヤ人に対するやりとりの中で明白に、ルターの反ユダヤ文書とは距離を置いていた。

芸術家

芸術家たちは宗教改革を支持し、宗教改革もまた芸術を用いた。宗教改革は芸術を変えた。それは音楽、絵画、建築について当てはまる。

ルーカス・クラナッハ

ルーカス・クラナッハ、これは個人と工房とを指して一つの名であるが、二人の人間がいた。父と息子は同じ名を持ち同じ方法で働いた。この二人のクラナッハは、宗教改革期の最も著名な芸術家である。

父ルーカス・クラナッハは一四七一年もしくは七二年にクロナッハに生まれ、出身地を苗字とした。エックやカールシュタットその他の人々と同様、初期近世によくあった、名前の管理が厳しくなかった時のことである。このクロナッハ出身の芸術家はまず父親の工房で修行し遍歴と修行の日々を経て、一五〇一年から一五〇四年にかけてヴィーンで人生最初の大きな創作期に入り、そこで人文主義者たちの集まりとも関係を持った。彼の最初の確認できる作品は一五〇三年製作の「磔刑像」で、現在ミュンヘンのアルテピナコテークに展示されている。この作品はドナウ学派の特徴を示している。さらに若きクラナッハは最盛期の芸術を、その中心地であったバンベルクとニュルンベルクで追究し、ドイツにおけるルネサンス芸術の先駆者であったアルブレヒト・デューラーから後に大きな刺激を得た。クラナッハは絵画家であると同時に、木版画と銅版画の線描画家でもあった。

一五〇三年か四年に、クラナッハはザクセン選帝侯からヴィッテンベルクに招かれた。選帝侯は彼に確実で高給な宮廷画家の地位を提示した。他に新たな城教会の装飾のためにも彼が必要だった。トルガウ、ロッハウその他の街にも派遣された。おそらくクラナッハはすでにヴィーン時代以前に、クロナッハからそう遠くはないアウクスブルク帝国議会の際ルターの宿舎であったコーブルクで働き、ザクセン選帝侯家と最初の接触を得たのだろう。

ヴィッテンベルクでクラナッハは自分の工房を開き、職人たちを雇い入れた。最初の徒弟期間終了者について、一五〇七年の記録がある。一五〇八年画家はオランダに赴いて、後に皇帝となる八歳のカールの肖像を描いた。一五四七年ミュールベルクの戦いの後、画家は皇帝に再会し、捕らわれていた領主のために慈悲を乞うた。一五一二年または一三年クラナッハはゴータの参事会員の娘、バルバラ・ブレングビアと結婚した。一五二〇年娘アンナの洗礼式にはルターが洗礼立会人となり、一五二五年にルターが結婚した時にはクラナッハが結婚式立会人を務め、一五二六年にはルターの長男の洗礼立会人となった。

一五〇九年から一〇年にかけてヴィッテンベルクで、百点以上のクラナッハの木版画で飾られた、当時城教会にあった五〇〇五点の聖遺物についてのカタログが出版された。いわゆる『ヴィッテンベルクの聖遺物カタログ』である。一五一六年に作られた十戒を図にしたものは、最初にヴィッテンベルクで描かれた絵としての価値を持っている。その絵では天使と悪魔が見張り役として示され、善行と悪行がそれぞれに描かれている。これはヴィッテンベルク市庁舎の裁きの間のために製作された。一五一六年ないし一七年のルターの十戒についての説教からインスピレーションを与えられ、また一五一八年に出版された『十戒についての短い説明』に影響を受けたのかもしれない。

クラナッハは最初期から、強い印象を与える顔を描いた。個々人の特異な点に興味を持ち、人間、動物、植物を実物通りに描写することに努めた。しばしば同時代の人々が絵に描き込ま的なさまざまな場面の範囲でただその協力者として振舞った。

他の例を挙げればデューラーとは違ってクラナッハは決して自分自身の肖像画を描かず、宗教画家になった。それにより彼は自らをルネサンスの芸術家として示し、愛好される肖像画家になった。

　当初クラナッハはただ選帝侯のためにだけ働いた。一五一九年から彼は宗教改革の仕事にも従事するようになった。決定的であったのは、ルターの宗教改革はツヴィングリ、再洗礼派、カルヴァンのように絵画に敵対的ではなかったということである。旧約聖書の聖画像禁止をルターは言葉通りには解釈しなかった。なぜなら神自身がイエス・キリストにおいて自らの像を作ったのだから。ルターの書斎には一五三二年に至るまでおそらくはクラナッハが描いた聖母子像が飾られていた。また教会内の絵画もルターにとっては悪いものではなく、ただしそれは〔聖書に基づいて〕正しいものであるべきだった。聖人像の代わりに、聖書の諸場面が描かれるべきである。本当に特別な意味を持っていたのは十字架のキリストの描写で、ルターは〔神の〕子の死に確かな人々の救いを見た。一五一八年に出版されたルターの『ドイツ神学』は、クラナッハによる木版画の表紙で飾られた。

　クラナッハはヴィッテンベルクの宗教改革者たちの肖像を描き、後期中世の思想を表す絵画の伝統を受け継いで、宗教改革の基本方針、戒め、教義の絵を制作した。そのために正しさと誤りを対置した一対の絵が描かれた。一五二一年「受難のキリストとアンチクリスト」は一三の対照的絵画からなり、謙虚でへりくだったキリストの生き方に、ローマ教皇庁の現世での豪華な儀式、権力の誇示を対置している。それは宗教改革的な絵画における争いの、第一のものだった。一五二九年にクラナッハはある木版画を発表した。まず堕罪と救い、ルターの律法と福音の対比、宗教改革の義認の教義を絵で表したものである。その他の多くの作品でもクラナッハはこの宗教改革の中心問題を繰り返し、何度も何度も取り上げた。さらに教皇制を嘲笑する絵も作成された。

クラナッハは明白な教義に関する絵を宗教改革の考え方に沿って描いただけでなく、その他に一見何でもなく見える憂鬱の擬人化像、パウロや堕罪の絵にも宗教改革の信念を描き込んだ。ルターの最初の肖像画は一五二〇年（図1、四二頁）のもので、この銅版画は真面目で力強い修道士を表現している。この画は多少増刷されたが、おそらくあまりにも真面目であり過ぎるがゆえにルターの宣伝にふさわしいものではなかったし、あまり広がりもしなかった。同年の内にクラナッハはより親しみやすい、ルターがまるで聖人のように光背を持った絵を描き、これは広く知られた。博士帽をかぶった学者として、「騎士ヨルク」としてのルター像がこれに続いた。ルターの絵の需要は多かったので、一五二八年から手本を見ながら針で描き写すという一括した生産工程が採用された。それにより求められている絵を早く生産し、適正な価格で市場に出せるようになった。ルターの人生のすべての局面が、一五四六年に至るまで描かれた（図3、五一頁）。

クラナッハの作品で最も普及したのは聖書の挿絵である。すでに一五二二年には新たに訳された新約聖書のために、二一の木版画を黙示録まですべて描いた。クラナッハはまたミュンツァーの後援者であり、すでに述べたデーリンクと共に『九月聖書』の出版元でもあった。商売はうまく行った。初版約三千から五千部はすぐに売り切れ、すでに一二月には第二版を出すことができた。有名なライプツィヒの出版社で、同じ名を持つ父の〕息子メルヒオル・ロッターが印刷工としてクラナッハ工房で働いていた。

クラナッハの芸術家としての宗教改革への参加は、実際的な面もあった。彼は選帝侯と非常によい関係を持っており、それがおそらくフリードリヒ賢公が「逃亡中の修道士」を黙認し守るのに決定的だった。

クラナッハのヴィッテンベルクの工房は年月と共に成長し大きな事業となった。一五一二年に彼は美しい中庭と側翼付きで他の家を見下ろす高さの建物を建て始め、完成した時には八四の暖房付きの部屋と一六の台所があった。この大きなヴィッテンベルクの私邸は、一般に今日に至るまで「クラナッハハウス」と呼ばれている。一五二三年から二五年まで、おそらくはカタリーナ・フォン・ボラもここに住んでいた。一五二八年最終的にクラナッハはヴィッテンベルクに六軒の家を持ち、大学の事務局長グレゴール・ブリュックの隣に住む、街で一番豊かな住人だった。しかし彼は自分の財産を絵画からのみ得たわけではない。商人でもあり、一五二〇年から選帝侯の許可を得て薬局を経営し、薬、砂石、染料、香料、特にワインを売買した。自ら印刷者、出版者として活動した。市内でもクラナッハは重要人物だった。一五一九年から四五年まで市参事会の一員であり、一五三七年から三八年、一五四〇年から四一年、そして一五四三年から四四年までの三期、市長を務めた。

この宗教改革への参加にもかかわらず不思議に思われるのは、クラナッハがマインツ選帝侯アルブレヒトの仕事も引き受けたということである。一五二三年にはハレに新築された選帝侯宮殿と併設された司教区本部（Stift）のために、およそ一八〇枚の絵画を届けた。今日でもハレのマルクト教会に現存する、クラナッハ工房制作の遊歩式祭壇とその他の物には、アルブレヒトがマリアと神の子の崇拝者として表現されている。祭壇は一五二九年に作られ、一五三九年から四〇年にマルクト教会に設置された。さらにクラナッハは一五三四年、ルターの最も激しい敵対者であったザクセン選帝侯ゲオルクのためにも祭壇を作った。クラナッハは芸術家にして実業家であって、神学者ではなかった。そして彼が生きたのはさまざまな矛盾をはらんだ時代であり、常に明白で真っ直ぐな行動を取ることは誰にとっても難しく、それは重要人物であっても同じことだった。

ザクセン選帝侯家との近しい関係はクラナッハの全生涯に渡って続いた。彼によって、宗教改革を庇護したザクセン選帝侯三人のともに素晴らしい肖像画が、現在はヴァルトブルクで見ることのできる、有名な一枚絵のように見えるトリプティーク〔三枚折り祭壇画〕の下の部分に描かれている。ヨハン・フリードリヒ豪胆公が捕虜となった後、クラナッハは彼を追って一五五〇年アウクスブルクに向かった。そこでカール五世の印象深い肖像画を描き上げ、一五五二年のヨハン・フリードリヒの解放後はヴァイマールに従って行き、そこで一五五三年一〇月一六日に死んだ。

ルーカス・クラナッハの側で一五一五年一〇月四日にヴィッテンベルクに生まれた彼の息子ルーカス・クラナッハが働き、一五五〇年父親の退去に伴って、その芸術に関する財産を相続した。たとえば彼は父親が着手した、今日でもヴィッテンベルクの街教会にあり宗教改革の重要な美術作品と見なされている、宗教改革者を描いた祭壇を完成させた。ペデラ（Pedella）の上にルターが、説教者として教会員に十字架上のキリストを示す様子が描かれている。祭壇画の中央には、イエスによる聖餐の執行が示されている。ルター派教会にとっての聖餐の中心的な意味が、これによって強調されている。祭壇の左側の開きには、ルター派教会にとって聖餐とならんで有効なサクラメントである洗礼が描かれている。実際には洗礼を行ったことがないにもかかわらず洗礼者はメランヒトンで、子どもの背中に三回水を注いでいる。水に浸す形式の洗礼はヴィッテンベルクでも、もはや通常は行われなくなっていた。祭壇の右側の開きには、罪の告白が描かれている。ルターは一五二〇年悔悛とそれに伴う罪の告白を、洗礼と聖餐と共に、引き続きサクラメントとして有効とするかどうかを検討した。しかし罪の告白をサクラメントとするには必要な外的しるしに欠けており、また洗礼の実現化と解釈することができたので、福音主義教会はサクラメントから罪の告白を取り除いた。注目すべきは、にもかかわらずルター派教会では一八世紀に至るまで罪の告白を行っていたということである。そのことを思い起こさせる古い懺悔椅子が、それぞれのルター派教会にあった。たとえばヴィッテンベルクの街教会、ニュルンベルクのローレンツ教会には今日でも置かれている。ルター主義は罪の告白を保持したが、しかしそれは義務ではなく求められはせず、すべての罪は個々に数え上げられねばならないものではない。宗教改革者の祭壇には数多くの人々が描かれ、ヴィッテンベルクの市民たち、たとえばカタリーナ・フォン・ボラや父ルーカス・クラナッハを見つける

図9　論争的な教育画：福音派礼拝とカトリックの地獄教会

ことができる。

一五四九年からその死に至るまで、子クラナッハもヴィッテンベルク市参事会の一員で、そのうえ一五六五年には市長となった。一五八六年一月二七日子ルーカス・クラナッハはヴィッテンベルクで死んだ。

クラナッハ派の作品は大量に伝えられている。ルター派教会内での絵画需要は大きかった。あたかも彼らが新しい福音主義の聖人であるように、ルターやメランヒトンの絵を教会内に掲げることにも、ためらいはなかった。言うまでもなく、これらの絵は信仰において見られるだけであって、崇敬あるいは祈りの対象とはされない。

子ルーカス・クラナッハによって一五四七年前後に製作されたある木版画では、福音主義とカトリック教会が対置されている（図9）。絵の中央にルターの顔の福音主義説教者が、四福音書記者の図で飾られた説教台に立っている。彼の前には開かれた聖書が置かれており、十字架に掛けられたキリストを指差している。これは世の罪を取り除き、死に打ち勝つ神の小羊（「ヨハネによる福音書」一章二九節参照）である。終末時の者たちが、祭壇上の十字架と勝利の旗を持った子羊によって象徴化されている。信者たちは二人の牧師から、もちろんパンとワインの二種陪餐を受ける。説教と聖餐の執行は福音主義の礼拝の二つの中心的な要素でもある。すでにアウクスブルク信仰告白で言われたように、説教と聖餐によってどこに真の教会を見出せるかを知ることができる。同時に、この木版画は当時ルター派の諸教会で一般的であったしきたりを表現している。男性と女性は厳しく分けられている。当時の行いの正しい市民たちが礼拝に着ていった服装も見ることができる。聖餐は膝まずいて受けられた。パンは牧師によって聖餐に与る者の舌に載せられ、同様に杯も牧師によって与えられた。福音主義教会で容認された絵画装飾は、すなわち福音を宣べ伝える者たちと十字架に掛けられた者の描写である。

絵の右側のカトリック教会では、様子が全く違っている。密集した聖職者の一団、そのまとう衣が示すように、修道士、司教、枢機卿が描かれている。従来の教会は、聖務を担う者たちと階級制の構造によって認識されていた。この異なった教会の現実は中立的には扱われず、業火に取り囲まれまさに彼らを飲み込もうとするように開いた地獄の口の上に描かれている。彼らは互いにみな破滅と堕落に身を捧げた。さらにこの判決は、悪魔のような獣が聖職者たちの周りと彼らの間を動き回っていることによっても強調されている。この絵が伝えようとしていることは、文字が読めない者たちにとっても明らかだった。

絵画の中の宗教改革的な使信――これが父と子のクラナッハが自ら務めとしたことだった。異なる信仰を持つ者たちを悪魔としたのだろうか？――確かに、しかしよく見てみると、説教者は破滅しそうな聖職者たちに対してまっすぐに呼びかけ、十字架にかけられた者をはっきりと示している。イエス・キリストは彼らにとっても救いなのだ！　敬虔な者たちの義認ではなく神に逆らう者たちの義認こそが、宗教改革の教えの中心点だったのである。

訳者あとがき

本書は、Martin H. Jung: Die Reformation. Theologen, Politiker, Künstler. Göttingen: Vandenhoeck & Ruprecht, 2008. の全訳です。

本書の最大の特徴は、序文でユング教授自身が述べているように、従来の伝記には取り上げられてこなかった人々が多く採録されている点にあります。「なぜこの人が入ってより重要なあの人が入っていないのか?」といった疑問を、宗教改革史に詳しい方は持たれるかもしれませんし、ドイツでのフォルカー・レピン教授（テューービンゲン大学）による書評でも、具体的人名を挙げて指摘されています。しかし、この本はまさに従来の類書がカバーしていない部分を初学者、一般読者に向けて書くことを目指しており、一般読者からだけでなく公共図書館でも購入されて広く読まれています。二〇一七年、宗教改革五〇〇周年記念の年に本書を日本の読者にお届けできることは、訳者にとっても大きな喜びです。

オスナブリュック大学神学部歴史神学講座のホームページをご覧いただければ分かるように、今年に至るまでユング教授は多くの著作を出版していますが、本書は特にお気に入りの一冊であるとのことです。本書の内容は現代においても色あせることなく新鮮で、私たち読者を引き込む独特の魅力を放ち続けています。近年ドイツではいわば雨後のタケノコのように「宗教改革期の女性たち」や「ユダヤ人問題」についての新刊が出版されていますが、従来は歴史学や社会学、女性学などの枠組で扱われ、プロテスタント神学においてはあまり研究対象とされてきませんでした。この両方のテーマにユング教授は先駆的に長年取り組まれてきたのです。さらに敬虔主義、宗教間対話、宗教教育、動物愛護など、さまざまな分野を手がけられています。むろん菱刈晃夫訳『メランヒトンとその時代――ドイツの教師の生涯』(知泉書館、二〇一二年)の「訳者あとがき」にも記したように、中心にはメランヒトンがあります。

本書は先の『メランヒトンとその時代』に続く教授の著書、二冊目の邦訳です。訳出の方針としては、やはり翻訳においても初学者や一般読者を念頭に、原文に忠実であるのはもちろんですが、できるだけ読みやすくすることを心掛けました。読者の理解を助けるために〔 〕で訳者による補足がされています。また部分的に原語を挿入しています。巻末には参考文献、そして索引が付けられています。開拓者からアウトサイダーまでの前半を菱刈晃夫が担当し、女性たちから芸術家までの後半、日本語版への序文、索引を木村あすかが担当しました。最初に方針を共有し、複数回互いに双方の担当箇所をチェックし合い、木村が在学中のテュービンゲンおよびオスナブリュックでも実際に最終的な確認作業を行いました。

幸いにも菱刈は二〇一六年四月から二〇一七年三月にかけてゲッティンゲン大学にて客員研究員として在外研究中であったため、二〇一七年二月に木村と共にオスナブリュックのユング教授を訪問し、疑問点の確認ともども直接お話を伺うことができました。ここでの修正点はすべて訳に反映されています。美しい晴天のオスナブリュック。大学の明るい研究室にて、まだ人が手をつけていない領域に取り組むことに喜びと情熱を感じておられるご様子と、みながやっているからと流行を追いかけることをしない人柄が伝わってきました。

そこでお聞きしたところによれば、ユング教授とルターの出会いは一三歳、堅信礼の年に父親が当時まだ東独で、西独からはなかなか行くことのできなかったヴィッテンベルクへの旅行をプレゼントしてくれた時に始まるそうです。東独在住の親戚に招待状を依頼し実現したもので、「私の人生最初の大旅行だった」と話されていました。「ルターのユダヤ人問題」との出会いは、イスラエルでのことだそうです。ドイツではギムナジウム、大学入学前あるいは在学中に、外国で数か月から数年を過ごす習慣があります。ユング教授は偶然の巡り合わせによって、実は第三志望であったイスラエルに暮らし、そこでルターの「暗い面」を知ることになったのです。その後も関心を持ち続けますが、「一冊にまとめてユダヤ人問題に関する本を出版しようとした時、初めて出版社を探さねばならなくなりました。それ以外の本で出版社を探したことなどないのに」と言われました。この種のテーマに関する本の出版がなかなか引き受けてもらえないというのは、現在からは想像しがたいものです。ユング教授の先駆性がよくあらわされたエピソードです。

さて共訳者である木村は、二〇一四年一月にNCCドイツ委員会の面接と推薦を受け、すでに同年一〇月からドイツのプロテスタント教会奨学金によって、レピン教授のもとで学びつつ博士論文作成に取り組んでいます。テーマは「ルターの次女、一三歳で死んだ娘マグダレーナの生と死」で、手紙と「卓上語録」を資料としています。本書の翻訳を通じ、やはりテュービンゲンで学び後に勤務したユング教授の知己を得て、研究計画に興味を持っていただき、アカデミック・アドバイザーを引き受けていただけたことは予期せぬ喜びでした。いずれ日本でもこの娘の存在とルター神学との相関関係について解明した論考を公にしたいと考えています。また宗教改革期の女性たちについて、ルターの子どもたちについて、ルターの妻カタリーナ・フォン・ボラについてなど、引き続き日本語にしていきたいテーマには事欠きません。

翻訳作業には、まず菱刈が先の『メランヒトンとその時代』に引き続いてすぐに取り組み始めたのですが、さまざまな仕事に追われ予想以上に遅れてしまいました。しかし二〇一七年という記念すべき年を祝いつつ本書を出版できるのは、喜ばしい限りです。

とくに木村からは、いつも歩みを見守り祈ってくださる竹原創一先生、そして井草教会に導き、族長時代の女性のように力強くわれわれをリードしてくださる久米あつみ先生に心からの感謝を申し上げます。また親しく得難い友人である日中外交関係の研究者、フランツィスカ・シュルツ（Franziska Schultz）さんはドイツ語本文の不明箇所を根気強く明確に読み解いてくれました。上智大学四年生でカルヴァン研究を志す岩田園さんは、日本語に関してさまざまなアドバイスを伝えてくださいました。同じく感謝申し上げます。

また菱刈からは、今回も訳に際して貴重なアドバイスをくださった金子晴勇先生に心より感謝申し上げます。そして、いつものように知泉書館の小山光夫さんにも大変お世話になりました。他にもお世話になった数多くの方々のことを感謝と共に覚えつつ、本書ができるだけ多くの人々に読まれ、宗教改革への興味や関心を喚起できれば、訳者として望外の幸せです。

二〇一七年五月　新緑の中で

菱刈　晃夫
木村あすか

年表

一五〇五　ルター修道院入会
一五一七　ルターの提題
一五一八　ハイデルベルク討論
一五一九　ツヴィングリ、チューリヒの牧師に着任、ライプツィヒ討論
一五二〇　ルターの宗教改革主要著作
一五二一　ヴォルムス帝国議会
一五二二　チューリヒの断食破り（Fastenbruch）
一五二三　第一次、第二次チューリヒ討論
一五二四　ヘッセン宗教改革
一五二五　農民戦争
一五二六　バーデン討論
一五二九　シュパイエル抗議、マールブルク宗教会談
一五三〇　アウクスブルク帝国議会とアウクスブルク信仰告白
一五三一　ツヴィングリ死去

年　表

一五三四　ヴュルテンベルク宗教改革
一五三五　ミュンスター再洗礼派王国終焉
一五四一　レーゲンスブルク宗教会談
一五四三　オスナブリュック宗教改革
一五四五―六三　トリエント公会議
一五四六　ルター死去
一五四六／四七　シュマルカルデン戦争
一五四八　アウクスブルク仮信条
一五五二　パッサウ条約
一五五五　アウクスブルク宗教和議
一五六〇　メランヒトン死去
一五六四　カルヴァン死去

菱刈 晃夫（ひしかり・てるお）
1967年福井県生まれ。国士舘大学文学部教授。京都大学教育学部卒業。京都大学大学院教育学研究科博士課程修了。京都大学博士（教育学）。教育学・教育思想史・道徳教育専攻。
〔主要業績〕『ルターとメランヒトンの教育思想研究序説』（溪水社，2001年），『近代教育思想の源流—スピリチュアリティと教育』（成文堂，2005年），『からだで感じるモラリティ—情念の教育思想史』（成文堂，2011年），M.H. ユング著，菱刈晃夫訳『メランヒトンとその時代—ドイツの教師の生涯』（知泉書館，2012年），『習慣の教育学—思想・歴史・実践』（知泉書館，2013年）など。

木村 あすか（きむら・あすか）
1974年千葉県生まれ。ドイツ・テュービンゲン大学プロテスタント神学部博士課程在学。立教大学大学院法学科博士前期課程修了。修士（法学）。立教大学文学部キリスト教学科卒業。教会史専攻。
〔主要業績〕「ルターの妻　カタリーナ・フォン・ボラについて」（日本ルター学会編「ルターと宗教改革」日本ルター学会研究年報，第6号，2012年），「ルターの手紙」（日本ルター学会編「ルターと宗教改革」日本ルター学会研究年報，第7号，2017年）など。

〔宗教改革を生きた人々〕　ISBN978-4-86285-260-1

2017年8月 5日　第1刷印刷
2017年8月10日　第1刷発行

訳　者　菱　刈　晃　夫
　　　　木　村　あすか
発行者　小　山　光　夫
製　版　ジ　ャ　ッ　ト

発行所　〒113-0033 東京都文京区本郷1-13-2
電話03(3814)6161 振替00120-6-117170
http://www.chisen.co.jp
株式会社 知泉書館

Printed in Japan　印刷・製本／藤原印刷

人 名 索 引

地名索引

事　項　索　引

参考文献

Augustijn, Cornelis: Erasmus von Rotterdam: Leben, Werk, Wirkung. Marga E. Baumer (Übers.). München 1986.

Bainton, Roland H[erbert]: Erasmus: Reformer zwischen den Fronten: 10 Porträts. Elisabeth Langerbeck (Übers.). Göttingen 1972.

Bainton, Roland H[erbert]: Frauen der Reformation: Von Katharina von Bora bis Anna Zwingli. Marion Obitz (Übers.). Gütersloh [3]1996.（ベイントン『宗教改革の女性たち』大塚野百合訳，東京，ヨルダン社，1973 年）

Behr, Hans-Joachim: Franz von Waldeck: Fürstbischof zu Münster und Osnabrück, Administrator zu Minden (1491-1553): Sein Leben in seiner Zeit. Bd. 1: Darstellung; Bd.2: Urkunden und Akten. Münster/Westf. 1996; 1998 (Veröffentlichungen der Historischen Kommission für Westfalen 18) (Westfälische Biographien 9).

Bergsten, Torsten: Balthasar Hubmaier: Seine Stellung zur Reformation und Täufertum 1521-1528. Kassel 1961 (Acta Universitatis Upsaliensis 3) (Studia Historico-Ecclesiastica Upsaliensia).

Beutel, Albrecht (Hg.): Luther-Handbuch. Tübingen 2005; [[3]2017] (Theologen Handbücher).

Brecht, Martin: Luther. [Bd.1]: Sein Weg zur Reformation: 1483-1521; Bd.2: Ordnung und Abgrenzung der Reformation: 1521-1532; Bd.3: Die Erhaltung der Kirche: 1532-1546. Stuttgart [2]1983; 1986; 1987 (SA 1944).

Cahill, Richard Andrew: Philipp von Hesse and the Reformation. Mainz 2001 (Veröffentlichungen des Instituts für Europäische Geschichte Mainz, Abteilung für Abendländische Religionsgechichte 180).

Detmers, Achim: Reformation und Judentum: Israel-Lehren und Einstellungen zum Judentum von Luther bis zum frühen Calvin. Stuttgart 2001 (Judentum und Christentum 7).

Deutsche Geschichte in Quellen und Darstellung. Bd.3: Reformationszeit

1495-1555. Ulrich Köpf (Hg.) Stuttgart 2001 (Universal- Bibliothek 17003).

Ehrenpreis, Stefan; Lotz-Heumenn, Ute: Reformation und konfessionelles Zeitalter. Darmstadt 2002 (Kontroversen um die Geschichte).

Franz, Günther: Der deutsche Bauernkrieg: [Bd. 1]: [Hauptband]. 12,, gegenüber der 11. unver. Aufl. Darmstadt 1984.

Gäbler, Ulrich: Huldrych Zwingli: Eine Einführung in sein Leben und sein Werk. Martin Sallmann (Nachw.; Literaturnachträge). Zürich 2004.

Geiger, Ludwig: Johann Reuchlin: Sein Leben und seine Werke. (Nachdr. Der Ausg. Leipzig 1871). Nieuwkoop 1964.

Gestalten der Kirchengeschichte. Martin Grechat (Hg.) Bd.5: Die Reformationszeit 1; Bd.6: Die Reformationszeit 2. Stuttgart 1981.（同書抄訳『宗教改革者の群像』日本ルター学会編訳，東京，知泉書館，2011年）

Goertz, Hans-Jürgen: Thomas Müntzer: Mystiker, Apokalyptiker, Revoltionär. München 1989.

Gotthard, Axel: Der Augusburger Religionsfrieden. Münster/ Westf. 2004 (Reformationsgeschichtliche Studien und Texte 148).

Gräter, Carlheinz: Ulrich von Hutten: Ein Lebensbild. Stuttgart 1988.

Grechat, Martin: Martin Bucer: Ein Reformator und seine Zeit. München 1990.

Jedin, Hubert:Geschichte des Konzils von Trient. Bd. 1: Der Kampf um das Konzil; Bd. 2: Die erste Trienter Tagungsperiode 1545/47; Bd.3: Bologneser Tagung (1547/48); Zweite Trienter Tagungsperiode (1551/52); Bd. 4: Dritte Tagungsperiode und Abschluß. Teil 1: Frankreich und der neue Anfang in Trient bis zum Tode der Legaten Gonzaga und Seripando; Teil 2: Überwindung der Krise durch Morone, Schließung und Bestätigung. Freiburg i. Br. 31977; ^{2}1978; 1970; 1975.

Jung, Martin H./ Walter, Peter (Hg.): Theologen des 16. Jahrhunderts: Humanismus, Reformation, Katholische Erneuerung: Eine Einführung. Darmstadt 2002.

Jung, Martin H.: Nonnen, Prophetinnen, Kirchenmütter: Kirchen- und frömmigkeitsgechichtliche Studien zu Frauen der Reformationszeit. Leipzig 2002.

Kirchen- und Theologiegeschichte in Quellen: Ein Arbeitsbuch. Bd. 3: Reformation. Volker Leppin (Bearb.). [Völling neu bearb. Aufl.]. Neukirchen-Vluyn 2005.

Koepplin, Dieter; Falk, Tilman: Lucas Cranach: Gemälde, Zeichnungen, Drucksgraphik. Bd. 1; Bd.2. Basel [2]1974; 1976.

Krabbel, Gerta: Caritas Pirckheimer: Ein Lebensbild aus der Zeit der Reformation. Münster/ Westf. [5]1982. (Katholisches Leben und Kirchenreform im Zeitalter der Glaubensspaltung; 7)

Kroker, Ernst: Katharina von Bora: Martin Luthers Frau: Ein Lebens- und Charakterbild. Berlin [16]1983.

Leppin, Volker: Martin Luther. Darmstadt 2006; [[3]2017].

Ludolphy, Ingetraut: Friedrich der Weise: Kurfürst von Sachsen; 1463-1525. (ND Göttingen 1984). Leipzig 2007.

McKee, Elsie Anne: Katharina Schütz Zell. Bd. 1: The Life and Thought of a Sixteenth- Century Reformer; Bd. 2: The Writings: A Critical Edition. Leiden 1999 (Studies in Medieval and Reformation Thought; 69).

Pastor, Ludwig: Geschichte der Päpste seit dem Ausgang des Mittelalters. Mit Benutzung des päpstlichen Geheim-Archives und vieler anderer Archive bearbeitet.

Bd. 4: Geschichte der Päpste im Zeitalter der Renaissance und der Glaubensspaltung von der Wahl Leos Ⅹ. bis zum Tode Klemens' VII. (1513 - 1534.). T. 1: Leos Ⅹ. Freiburg i. Br. 1906.

Rabe, Horst: Reich und Glaubensspaltung: Deutschland 1500 -1600. München 1989 (Neue Deutsche Geschichte 4).

Scheible, Heinz: Melanchthon: Eine Biographie. München 1997.

Schulin, Ernst: Kaiser Karl Ⅴ.: Geschichte eines übergroßen Wirkungsbereiches. Stuttgart 1999.

Schwarz, Reinhard: Luther. Göttingen. [3]2004; [[4]2014].

Seebaß, Gottfried: Spätmittelalter, Reformation, Konfessionalisierung. Stuttgart 2006 (Geschichte des Christentums 3) (Theologische Wissenschaft 7).

Spijker, Willem van't: Calvin: Biographie und Thologie. Hinrich Stoevesandt (Übers.). Göttingen 2001 (Die Kirche in ihrer Geschichte 3, J 2).

Stern, Selma: Josel von Rosheim: Befehlshaber der Judenschaft im Heiligen

Römischen Reich Deutscher Nation. (Repr. der Ausg. München 1959). München [1973] (Veröffentlichung des Leo-Baeck-Instituts).

Weil, Gérard E[mmanuel]: Élie Lévita: Humaniste et Massorète: (1469-1549). Leiden 1963 (Studia Post-Biblica 7).

Wiedemnn, Theodor: Dr. Johann Eck, Professor der Theologie an der Universität Ingolstadt: Eine Monographie. Regensburg 1865.

図版一覧

図 1　父ルーカス・クラナッハ，1520 年（銅版画，ザクセン・アンハルト・ルター記念史跡財団）

図 2　ヴォルムス帝国議会へのマルティン・ルター博士の召喚，皇帝によって命ぜられた者による審問と行動。アウクスブルク，メルキオール・ラミンガー，1521 年（木版画，表題紙，マルティン・H・ユング私蔵）

図 3　子ルーカス・クラナッハ，1546 年（木版画，ザクセン・アンハルト・ルター記念史跡財団）

図 4　二人のスイス人農夫の行為，事実彼らはそれを良く考察した。チューリヒ，クリストフ・フロシャウアー，1521 年（木版画，表題紙，マルティン・H・ユング私蔵）

図 5　父ルーカス・クラナッハ，1525 年以前（ペン画，ニュルンベルク，ゲルマン博物館，Hz Kaps 1010，一部抜粋）

図 6　ある回状への強いられた回答，ある修道女にかつての修道姉妹で現在は結婚した女性がすべての修道女が結婚状態になるべきことを勧めるが，彼女は主婦が人間のためにすることを，自分たちは神のために行っているのだと答えた。ニュルンベルク，ヒエロニムス・ヘルツェル，1524 年（木版画，表題紙，マルティン・H・ユング私蔵）

図 7　あるバイエルンの女性キリスト者貴族がどのようであったか，彼女の神学文書において，良き思索に基づくインゴルシュタット大学への書状と，彼女が若き男性神学者のために神の言葉によって抗弁する様子。エアフルト，画家，1523 年（木版画，表題紙，マルティン・H・ユング私蔵）

図 8　ヨハン・ウルフィウス。Lectionum memorabilium et reconditarum centenarii ＸＶＩ，二巻本，ラウインゲン，ラインミヒェル，1600 年，第 2 巻 1031 頁（銅版画，マルティン・H・ユング私蔵）

図 9　子ルーカス・クラナッハ，1547 年頃（木版画，ドレスデン美術館銅版画館）